Jürgen Eckard Kemper

Vom Herzschlag des Glaubens

Jürgen Eckard Kemper

Vom Herzschlag des Glaubens
Großstadt-Predigten durch ein Jahr

Fromm Verlag

Impressum / Imprint
Bibliografische Information der Deutschen Nationalbibliothek: Die Deutsche Nationalbibliothek verzeichnet diese Publikation in der Deutschen Nationalbibliografie; detaillierte bibliografische Daten sind im Internet über http://dnb.d-nb.de abrufbar.
Alle in diesem Buch genannten Marken und Produktnamen unterliegen warenzeichen-, marken- oder patentrechtlichem Schutz bzw. sind Warenzeichen oder eingetragene Warenzeichen der jeweiligen Inhaber. Die Wiedergabe von Marken, Produktnamen, Gebrauchsnamen, Handelsnamen, Warenbezeichnungen u.s.w. in diesem Werk berechtigt auch ohne besondere Kennzeichnung nicht zu der Annahme, dass solche Namen im Sinne der Warenzeichen- und Markenschutzgesetzgebung als frei zu betrachten wären und daher von jedermann benutzt werden dürften.

Bibliographic information published by the Deutsche Nationalbibliothek: The Deutsche Nationalbibliothek lists this publication in the Deutsche Nationalbibliografie; detailed bibliographic data are available in the Internet at http://dnb.d-nb.de.
Any brand names and product names mentioned in this book are subject to trademark, brand or patent protection and are trademarks or registered trademarks of their respective holders. The use of brand names, product names, common names, trade names, product descriptions etc. even without a particular marking in this work is in no way to be construed to mean that such names may be regarded as unrestricted in respect of trademark and brand protection legislation and could thus be used by anyone.

Coverbild / Cover image: www.ingimage.com

Verlag / Publisher:
Fromm Verlag
ist ein Imprint der / is a trademark of
OmniScriptum GmbH & Co. KG
Heinrich-Böcking-Str. 6-8, 66121 Saarbrücken, Deutschland / Germany
Email: info@frommverlag.de

Herstellung: siehe letzte Seite /
Printed at: see last page
ISBN: 978-3-8416-0553-5

Copyright © 2014 OmniScriptum GmbH & Co. KG
Alle Rechte vorbehalten. / All rights reserved. Saarbrücken 2014

Vom Herzschlag des Glaubens
Großstadt-Predigten durch das Jahr

Inhaltsverzeichnis

Festhalten am Bekenntnis der Hoffnung
Zu Hebräer 10, 23-25 am 1.12. 2013 (1.Advent)..................................3
Hoffnung, die stark macht
Zu Jesaja 35, 1-10 am 9.12.2012 (2. Advent) 6
Auf den Herzschlag des Glaubens achten
Zu Offenbarung 3,1-6 am 3. Advent 2013 9
Das Geheimnis leuchtet - lass es dir nicht nehmen!
Zu 1.Timotheus 3, 16 am Heilig Abend 2013 13
Ein Zuhause für alle
Zu Johannes 1, 5. 9-12 am 26.12. 2013 (Zweiter Weihnachtstag)........16
Die kleinen Orte und die große Hoffnung bewahren
Zu Hebräer 13,14 (Jahreslosung 2013) am 31.12. 2012 (Silvester) 19
Gott hat einen Plan
Zu Sprüche 16,9 am Neujahrstag 2013..23
Gib acht auf diesen hellen Schein....
Zu 2. Korinther 4, 3-6 am 6.1.2014 (Epiphanias)...............................27
Gott hinterher gucken
Zu 2. Mose 33, 17b-23 So 16.1.2011 (2. So. nach Epiphanias)............29
Abnehmen – intensive Selbsterfahrung
Zu Johannes 3, 28+30 am 13.2.2013 (Aschermittwoch).....................34
Dienen hat erlösende Kraft
Zu Markus 10, 42-45 am 6.4.2014 (Judika) 36
Die Religion der Fraternisierung
Zu Hebräer 2, 11-12+17 am 17.4.2014 (Gründonnerstag) 40
Der Freund, der den Kopf hinhält
Zu Jesaja 53, 4-5 am 18.4.2014 (Karfreitag) 43
Die Verwandlung
Zu Johannes 20,11-18 am 31.3. 2013 (Ostersonntag).......................47

Ostern – die Schubkraft des Glaubens
Zu Jesaja 40, 26-31 am 27.4.2014 (Quasimodogeniti) 50
Die Taschenlampe muss dabei sein !
Zu Psalm 119, 105 am 28.4.2013 (Konfirmation) ……………………………..54
Beschützt in geistloser Zeit
Zu Römer 8,1-2.10-11 am 8.6. 2014 (Pfingstsonntag)…………………….....57
Das Kernkonzept der Kirche: Gott gibt niemanden auf
Zu Lukas 15,1-7 am 24.6.2012 (KV-Einführung) ……………………………..61
Reisebekanntschaften
Zu Apostelgeschichte 8, 26-39 am 15.7. 2012 (6. So. nach Trinitatis)……………...64
Nicht mehr lernen, Krieg zu führen
Zu Jesaja 2, 2-4 am 3.8.2014 (Gedenken 100 J. Erster Weltkrieg)……….................67
Warum der Pessimismus es schwer mit dem Glauben hat
Zu Jeremia 31, 31-34 am 4.8.2013 (10. So. nach Trinitatis)………………………..71
Mit Gott das Leben neu erfinden
Zu 1. Korinther 3,9-11 u. Markus 7, 31-37 am 7.9.2014……………………….....74
Auch am äußersten Meer
Zu Psalm 139 am 16.9.2012……………………………………………………….78
Gott gab uns Atem
Zu 1. Mose 2, 4-15 am 28.9.2014 (15. So.n.Trinitatis) ……………………………81
Reden wir über Engel…
Zu Apostelgeschichte 12,7 am 29.9.2012 (Michaelistag)……………………….....84
Das gute Land, das Gott dir gegeben hat
zu 5. Mose 8, 6-11 am 6.10.2013 (Erntedankfest)…………………….................87
Die wesentlichen Momente
Zu Epheser 5, 16 am 19.10.2014 (18. So. n. Trinitatis) …………………………..90
Der Gott, der frei macht !
Zu Galater 5, 1-6 am 31.10. 2012 (Reformationstag) …………………….......94
Mauern öffnen
Zu Psalm 24,7 am 9.11.2014 (25 Jahre Grenzöffnung) …………………………..98
Güte verwandelt
Zu Römer 2,4b am 20.11. 2013 (Buß- und Bettag) ……………………… ……..101
Ein neuer Himmel über unserem Leben
Zu Jesaja 65, 17-19 am 25.11. 2012 (Ewigkeitssonntag) …………………….104

Festhalten am Bekenntnis der Hoffnung
Predigt über Hebräer 10, 23-25 am 1. Dezember 2013 (1.Advent) in einem Gottesdienst mit Kinderchor und Taufen

Liebe Gemeinde,
vor dem Spiel steht die Mannschaft in der Mitte des Spielfeldes zusammen. Sie kennen das vielleicht vom Fußball oder vom Eishockey. Die Spieler legen sich gegenseitig die Arme auf die Schulter, so dass sie zusammen einen festen Kreis bilden. Und dann sagt der Trainer oder der Mannschaftskapitän, worauf es heute ankommt. Was bei diesem Spiel besonders zu beachten ist. Alle hören zu, schließen den Kreis noch fester und zeigen dadurch, dass sie das Gesagte unbedingt beherzigen wollen.
  Heute beginnt ein neues Spiel, liebe Gemeinde. Zum einen für unsere drei Taufkinder und ihre Angehörigen. Der Weg mit Gott und in der Gemeinschaft der Christen. Wir möchten, dass das ein guter Weg wird! Aber auch für uns alle als Kirche und Gemeinde: mit dem 1. Advent beginnt ein neues Kirchenjahr. Stellen wir uns also vor, wir stehen am Mittelkreis. Zum einen als Eltern, Paten, Angehörige und Freunde unseres Kindes. Oder als Christenmenschen in dieser Gemeinde und Kirche. Und wir legen uns gegenseitig die Arme auf die Schultern, schließen den Kreis fest zusammen.
  Drei Dinge sind es, die der Trainer uns zuruft: in diesem Fall der Schreiber des Hebräerbriefs. Drei Leitsätze. Drei Sachen, die unbedingt zu beachten sind.
  Der erste: „Lasst uns festhalten am Bekenntnis der Hoffnung - und nicht wanken." Um das Bekenntnis also geht es. Nun, das ist für viele von uns so eine Sache mit dem Bekenntnis. Es ist nicht ganz einfach, sich in der Öffentlichkeit als Christenmensch zu erkennen zu geben. Da ist nicht überall mit Applaus zu rechnen. Was werden die Anderen sagen? Und es ist auch nicht ganz einfach, im Glaubensbekenntnis jeden Satz mit voller Überzeugung mitzusprechen. Bei manchen Formulierungen zögern wir vielleicht. Manche haben Zweifel an der Sache mit der Jungfrau Maria. Okay, das ist wirklich ein großes Geheimnis. Viele verstehen das mit dem Heiligen Geist nicht. Das ist ja auch nicht einfach zu *begreifen*. Und manche überlegen, ob sie wirklich Gott als Schöpfer der Welt ansehen können. Liebe Gemeinde, in diesem Glauben sind Zweifel und Fragen erlaubt, Gott kann das aushalten. Und der Glaube lebt mit Zweifeln. Aber, so ist in diesem neutestamentlichen Brief weiter zu lesen: lasst uns festhalten am Bekenntnis *der Hoffnung*. Also: das soll fest bleiben. Dass der Glaube an diesen Jesus Christus und an seinen Vater im Himmel mit Hoffnung

zu tun hat. Und damit, dass man niemals und dass man niemanden aufgibt. Genau übersetzt müsste es heißen: haltet fest am Bekenntnis der *unbeugsamen* Hoffnung. Unbeugsam, lasst euch nicht verbiegen. Und das wär doch etwas, liebe Taufeltern und Paten, was Sie Ihren Kindern mitgeben auf dem Weg ins Leben. Und das wär doch etwas, liebe Gemeinde, das wir uns für das neue Kirchenjahr ins Herz schreiben sollten: diese Hoffnung, die uns niemand nehmen soll. Denn – ja, es gibt eine Begründung dafür! - denn er ist treu, der es versprochen hat. Glaube ist ein Treueverhältnis. Das begründet die Hoffnung: dass Gott uns die Treue hält.

Es kann eine Menge ins Wanken kommen in unserem Leben. Viele von uns, auch hier in der Nähe, erleben das oder haben das erlebt. Ein Ehepaar hat ganz plötzlich den Sohn verloren, Herztod mit Mitte 50, ein Vater von vier Kindern. Ein dunkelhäutiger Jugendlicher, der hier vor einigen Jahren konfirmiert wurde, ist von anderen Jugendlichen verprügelt und mit Glasscherben lebensgefährlich verletzt worden. Es gibt immer wieder Erfahrungen, die unserem Glauben schwer zusetzen. Krankheit und Tod, Unrecht und Gewalt, immer wieder Fragen und Zweifel, die wir nicht einfach abschütteln können. Aber „ein Licht geht uns auf auch in solcher Dunkelheit, durchbricht die Nacht und erhellt die Zeit." So wie es die Kinder am Anfang gesungen haben. Darum lasst uns festhalten am Bekenntnis der Hoffnung. Übrigens auch für unsere Kirche und Gemeinde. Lassen wir uns nicht irritieren von manchen wirklich rätselhaften Erfahrungen mit der Kirche. Auch wenn sich der Bischof von Limburg goldene Wasserhähne anbringen lässt. Lassen wir uns nicht irritieren, auch nicht wenn der Abriss von Kirchen oder die Auflösung von Gemeinden mancherorts zum Programm erhoben wird. Lassen wir uns nicht irritieren! Viele sagen: „es geht alles den Bach runter." Aber das ist nicht die Haltung des Glaubens, sondern die Botschaft der Dunkelheit. Wir aber, denken Sie daran, wir stehen im Mittelkreis, wir aber wollen festhalten am Bekenntnis der unbeugsamen Hoffnung. Darauf setzen wir. Und dafür setzen wir uns ein.

Dann der zweite Grundsatz. „Und lasst uns aufeinander achthaben und uns anreizen zur Liebe und zu guten Werken." Manchmal werden Dinge klar, wenn man sich zunächst das genaue Gegenteil vorstellt. Das Gegenteil dieses zweiten Grundsatzes könnte heißen: „Ich muss jetzt mal an mich selber denken." Kommt Ihnen das bekannt vor? Aber das ist nicht die Haltung des Glaubens. Hier steht: Aufeinander achthaben. Ich finde das ist eine wunderbare Formulierung. Das ist mehr als Pflicht. Das ist mehr als das Verhaltensmuster einer bestimmten Freundlichkeit oder Höflichkeit. Das ist eine *innere Haltung*. Die eigene Konzentration wohlwollend auf den Anderen und auf Andere zu richten. Was ist nötig, damit es dem Anderen, damit es allen gut geht? Was ist nötig, damit wir gemeinsam vorankommen, Lösungen finden, gut spielen sozusagen? Viele wissen, dass Hannover 96 zurzeit in einer Krise ist. Einer der Spieler hat gesagt: wir müssen uns alle gegenseitig helfen. Dann gewinnen wir auch wieder. Das mag banal klingen, aber mal im Ernst: so ist es doch, in einer Familie, in einem Arbeitsteam, oder auch in einer Gemeinde. Und lasst uns einander anreizen zur Liebe und zu guten Werken. Also dass wir uns gegenseitig anspornen sozusagen mit unseren Ideen und Energien. Diese Haltung des Aufeinander-Achtens, diese innere Einstellung kann sich auch übertragen, kann sich ausbreiten. In einem gegenseitigen Sich-Ermuntern „zu guten Werken". Was das bedeutet, ich glaube, das kann ich ohne Übertreibung sagen, das erleben wir Gott sei Dank immer wieder in den zahlreichen engagierten Aktivitäten von Gruppen und einzelnen Menschen hier in der Gemeinde. Sich anspornen zu guten Werken. Das „Café im Advent", das ja heute Nachmittag im Gemeindehaus eröffnet wird, ist ein gutes Beispiel dafür. Viele Einzelne wirken dort mit, damit Menschen die Adventszeit als eine Zeit der Besinnung und der freundlichen Begegnungen erleben können, und als eine Zeit der Hoffnung auf eine gerechtere Welt. Lasst uns aufeinander achthaben und uns anreizen zur Liebe und zu guten Werken.

Und dann schließlich der dritte Grundsatz. „Und lasst uns nicht verlassen unsere Versammlungen, wie einige zu tun pflegen." Auch hier verstehen wir sofort, was gemeint ist, wenn wir einmal den entgegengesetzten Leitsatz formulieren. Er könnte lauten: „Ich will mich nicht festlegen. Ich will selbst und möglichst spontan entscheiden, wann ich komme und wo ich dazu gehöre und ich entscheide es immer wieder neu." Das war offenbar schon die Erfahrung der frühchristlichen Gemeinden, dass Menschen einfach wegblieben, sich nicht binden wollten.

Wie ist das heute? Wie denken wir darüber? Einerseits: ja, Freiheit ist wichtig, selbstverständlich. Manchmal entschuldigen sich Menschen bei mir, dass sie so selten zum Gottesdienst gehen. Mich macht das immer etwas sprachlos, und meistens sage ich dann: „Kommen Sie einfach zum Gottesdienst, wenn es Ihnen gut tut." Aber das ist wohl nur die halbe Wahrheit. Glaube hat tatsächlich auch mit Verbindlichkeit zu tun. Mit dem Dabei-Bleiben, egal, ob einem gerade danach ist. So wie der Mönch, von dem erzählt wird, dass er seit ein paar Wochen nicht beten konnte. Und der es dann seinem Abt beichtete. Und der Abt sagte: hab Geduld mit dir selber, aber komm weiter in die Versammlungen. Du musst nicht mit beten, aber hör zu, wie deine Geschwister beten. Der Abt zwang ihm also nichts auf, was ihm nicht entsprochen hätte, aber er bat ihn, in der Gemeinschaft der Anderen zu bleiben. Du gehörst dazu, auch wenn du mal nicht beten, auch wenn du mal nicht glauben, auch wenn du mal nicht hoffen kannst. Dann tragen dich die Anderen. So wie Du auch

Andere getragen hast und trägst. Glaube ist ein Treueverhältnis, ein Treueverhältnis auch im Miteinander.

Diese Gemeinschaft, so sagt es der Apostel Paulus immer wieder, wird mit der Taufe begründet und beginnt mit der Taufe. In diese Gemeinschaft mit Gott und miteinander werden Leticia, Johanna und Leo heute aufgenommen. In dieses Treueverhältnis. Und wir alle werden nachdrücklich daran erinnert. An drei Dinge, die dabei grundlegend und auch heute hoch aktuell sind.

In einer Zeit, in der viele meinen, dass alles den Berg runter geht, halten wir fest am Bekenntnis der Hoffnung. In einer Zeit, in der viele Menschen vor allem das eigene Wohlergehen im Sinn haben, wollen wir aufeinander achten und uns gegenseitig zum Tun des Guten ermutigen. Und in einer Zeit, in der viele Menschen sich aus allen verbindlichen Beziehungen verabschieden, sagen wir Ja zu einem zuverlässigen Miteinander in unseren Familien, Freundes- oder Kollegenkreisen und in der Gemeinde.

Und das alles beachtet umso mehr, so heißt es am Schluss des Textes, weil ihr seht, dass sich der Tag naht. Dass Gott nahe ist. Und dass es jetzt wirklich drauf ankommt. In unserem Leben und in unserer Kirche. Amen

Hoffnung, die stark macht
Predigt über Jesaja 35, 1-10 am 9.12.2012 (2. Advent)

Liebe Gemeinde,
erlauben Sie mir vorab eine einfache Frage: treiben Sie eigentlich Sport? Joggen, Tennis, Fußball oder vielleicht Gymnastik? Also, was mich betrifft, ich schaffe es meistens so einmal in der Woche, zum Fitnesstraining zu gehen. Wenn ich reinkomme, fällt mein Blick auf ein Plakat mit der Aufschrift: „Stark !" Und die Übungen sind so angelegt, dass die Muskeln in den verschiedenen Zonen des Körpers gestärkt werden sollen.

Daran musste ich denken, als ich die ersten Sätze des heutigen Predigttextes las. „Stärkt die müden Hände - und macht fest die wankenden Knie!" Ja, das kenne ich. Und ich weiß, das geht nicht von selbst, man muss schon etwas dafür tun. Aber wenn du dich dazu überwindest, dann tut es richtig gut.

Doch warum steht das in der Bibel ? Und was hat das mit Advent und Weihnachten zu tun? - Ich sage es so: die Adventszeit soll eine Stärkung sein für die Seele. Das ist „the very best time of the year", die wunderbarste Zeit im Jahr, wie der Chor am Anfang gesungen hat. Aber warum ist das so? Was ist denn das Stärkende? Weil der Schnee da ist oder die Tannenzweige oder weil es Kekse gibt? Weil der vertraute Familienkreis vielleicht zusammensitzt (manchmal gibt es das ja noch) ? Nichts gegen all das, ich mag das sehr. Aber die beste Zeit im Jahr und eine Stärkung für die Seele ist Advent aus einem anderen Grund. Mit den Worten des Propheten gesagt: weil Gott im Kommen ist. Advent heißt „Ankunft" und darum geht es. Um das Kommen Gottes in unsere Welt, in unser Leben. Daran zu denken, sich das sagen zu lassen, sich das vor Augen zu führen – das ist sozusagen das adventliche Übungs- und Aufbauprogramm für den Glauben, das ist die Stärkung für die Seele. Denn genau dadurch bekommt der Glaube in uns neue Kraft: wenn wir darauf sehen und darauf hören und uns darauf ausrichten: dieser Gott kommt - auch zu uns.

Er kam in Jesus, dem Kind aus Bethlehem, dem Rabbi aus Nazareth, der die Liebe Gottes zu allen Menschen verkündete. Und er wird kommen, am Ende der Zeiten, wie wir im Evangelium gehört haben, welche Krisen oder globalen Katastrophen auch noch vor uns liegen mögen. Wir können nicht sagen, wie das sein wird. Aber wir können es sagen als ein Bekenntnis der Zuversicht und der festen Hoffnung. So wie es der ev. Pastor Martin Niemöller für die Bekennende Kirche gegen die Naziherrscher: „Die Herren dieser Welt kommen und gehen – unser Herr kommt." Und er kommt zu uns, wie es das alte Bekenntnis der Kirche sagt, in Wort und Sakrament, wo und wann er will (Augsburger Bekenntnis Artikel 5, EG 808). „Seht, da ist euer Gott – Fürchtet euch nicht!" Diese Aussicht ist die Quelle die Kraft im Advent.

Und darum „stärkt die müden Hände." Ja, viele sind müde geworden und erschöpft in unserer Zeit, manche vielleicht auch von uns hier. Die rasant fortschreitende Arbeitsverdichtung in fast allen Bereichen der Gesellschaft bringt viele einfach an ihre Grenze. Stärkung – ja, das brauchen auch wir. „Und macht fest die wankenden Knie." Es stimmt, viele sind ins Wanken gekommen auch in unserer Zeit, wer von uns kennt das nicht. Das Wanken in den Zukunftsperspektiven, in den persönlichen Beziehungen, vielleicht auch im Glauben. Manchen zittern die Knie im Blick auf die persönliche oder die auf die weltweite Zukunft. Das wäre gut, das könnten wir brauchen: Solche Festigung, Standfestigkeit. Und den verzagten Herzen soll das gesagt werden. Ein verzagtes Herz - wer kennt das nicht, sei es bei Anderen oder bei sich selber. Aber nun soll es gesagt werden, den Anderen und auch uns selbst. „Fürchtet euch nicht – seht, da ist euer Gott!"

Und dann ist natürlich die Frage: aber wo denn? Wo sehen wir denn diesen Gott? Ist überhaupt etwas von ihm zu merken. Und da malt uns Prophet anstelle einer Antwort ein wunderbares Bild vor Augen. Dann werden die Blinden sehen und die Ohren der Tauben werden geöffnet, Lahme werden springen und die Stummen werden sprechen. Wasser in der Wüste sollen hervorbrechen, und wo es ganz dürr gewesen ist, sollen Brunnenquellen sein. Eine Verwandlung beginnt, eine neue Schöpfung. Das ist die Verheißung für die, die ganz unten sind. Blind, lahm, erschöpft und vorm Verdursten. Das ist die Verheißung für die, denen das Leben die Sprache verschlagen hat. Die innerlich ausgedörrt sind. Seht, da ist euer Gott. Er kommt, er wird euch helfen.

Und ich glaube wirklich, es gibt Momente, in denen erfahren wir das auch. Da tun sich auch in den Wüstenregionen unseres Lebens plötzlich neue Quellen auf. Persönliche Begegnungen mit Menschen, in denen wir uns beschenkt fühlen. Momente der Stille und der Harmonie, in denen wir auftanken. Aber auch Menschen können das sein, die nicht mehr alles hinnehmen, sondern aufstehen für die Gerechtigkeit, die ihre Stimme erheben, sei es im Betrieb oder weltweit. Die auf die Straße gehen gegen die Mursis und Assads unserer Welt. Das sind Zeichen der Verwandlung, der großen Veränderung, die die Welt mit Gottes Kommen ergreift. Seht hin. Ja, liebe Gemeinde, achten wir darauf. Die Anzeichen der Krise sehen wir meist sehr schnell und von selber. Achten wir aber ebenso auf die Anzeichen der adventlichen Verwandlung. So dass die Hände gestärkt werden und die verzagten Herzen es hören: Seht, da ist euer Gott.

Und dann steht da ein Satz, der mich enorm irritiert und vielleicht ging es Ihnen auch so beim Hören, und ich will das nicht einfach übergehen. „Seht, da ist euer Gott", heißt es, und dann weiter: „Gott kommt zur Rache. Gott, der da vergilt, wird euch helfen."

Ha, höre ich da schon manche sagen, da ist er schon wieder, dieser fürchterliche alttestamentarische Rachegott. Haben wir doch schon immer gewusst. Mit dem wollen wir nichts zu tun haben.

Ganz ehrlich: ich auch nicht. Aber urteilen wir nicht allzu schnell. Erlauben Sie wenigstens eine Frage: wollen Sie wirklich lieber den harmlosen Gott, den guten Onkel, den Gänseblümchenhersteller, wollen Sie wirklich den adventlichen Puder-zucker-Glauben? Der, bei allem Respekt, der wird die Welt nicht verändern. Und der hat keine erlösende Kraft. Es gibt kein Vertun: der Blick auf das Kommen Gottes in unsere Welt führt in Auseinandersetzungen und in Konflikte. „Rache" mag ein hartes Wort dafür sein. Und natürlich werden wir im Namen Jesu allen persönlichen Rachegefühlen entschieden widersprechen und ihnen keinen Raum geben. Aber dass die Dinge zurechtgerückt werden, die in unserer Welt in Schieflage geraten sind, das ist schon die Hoffnung, ja, das ist die grundlegende Hoffnung im Advent. Und das ist eben kein seichtes und harmloses, sondern ein sehr dynamisches Geschehen. Nicht nur um gute Stimmung geht es, sondern um Erlösung, nicht weniger!

Und am Ende dieser Verwandlung steht die Freude, die übergroße Freude derer, die erlöst werden. Und ich lade Sie ein: gehen Sie jetzt einmal in ihren Gedanken zu den Menschen, die Ihnen ganz persönlich vor Augen sind, hier in der Nähe oder irgendwo in der Welt, die in Schmerz oder Krankheit oder Unterdrückung auf Erlösung warten. Denken Sie einmal für einen Moment dorthin. Und dann hören Sie die Verheißung Gottes durch das Wort des Propheten gerade für diesen Menschen.

„Und die Erlösten des Herrn werden wiederkommen mit Jauchzen; ewige Freude wird über ihrem Haupt sein; Freude und Wonne werden sie ergreifen, und Schmerz und Seufzen werden entfliehen." (Jes. 35,10)

Nehmen wir diese Worte auf, nicht nur mit den Ohren, sondern nehmen wir sie auf auch in die Hände, bis in die Fingerspitzen. Dass diese unsere Hände gestärkt werden zum Tun des Guten. Nehmen wir diese Worte auf bis in die Füße, ja in die Zehenspitzen, dass wir in allen Stürmen fest stehen. Und nehmen wir diese Worte in unser Herz auf, dass darin Trost und Mut, ja mehr noch: dass die Freude darin Raum gewinnt, weil Gott im Kommen ist - zur Erlösung. Amen

Auf den Herzschlag des Glaubens achten
Predigt über Offenbarung 3,1-6   am 15.12. 2013 (3.Advent)

Liebe Gemeinde,
ich finde, das ist eine schöne Vorstellung: dass nicht nur wir Menschen ganz persönlich einen Schutzengel haben, sondern dass es auch für eine bestimmte Gemeinde oder Kirche so einen Engel gibt. Der sie behütet und führt, und der sie, wenn nötig, auch ermahnt und auf den rechten Weg zurückbringt. Die Wissenschaftler sind sich nicht ganz einig, wie das Bild des Engels hier zu verstehen ist. Es könnte eine himmlische Macht gemeint sein, aber auch ganz einfach der zuständige Gemeindeleiter und Bischof, der hier als Engel bezeichnet wird. Möglicherweise hat der Schreiber den Begriff des Engels ganz bewusst so offen verwendet. So erinnert er uns gleichermaßen an unsere eigene Verantwortung, aber auch daran, dass auch über uns als Gemeinde und Kirche „im Himmel" jemand wacht.

Und dieser Engel der Gemeinde bekommt eine Botschaft. Sieben Gemeinden mit ihren jeweiligen „Engeln" werden in der Offenbarung des Johannes angeschrieben, und das in einer Zeit, in der der Glaube zunehmend unter Druck steht und sich in manchen Widrigkeiten bewähren muss. Diese Briefe enthalten Lob und Tadel, in jeweils unterschiedlichem Maß, fast wie ein Schulzeugnis. Die Gemeinde in Sardes bekommt ein schlechtes Zeugnis. „Ich kenne deine Werke: Du hast den Namen, dass du lebst – aber du bist tot." Das ist eine herbe Kritik. Das heißt: diese Gemeinde hat einen guten Namen, ein hervorragendes Image. Aber nun sagt Gott: mich könnt ihr nicht blenden. Mir könnt ihr nichts vormachen. Denn euch fehlt etwas Wesentliches: euch fehlt die Substanz, der Herzschlag, das Leben. Mögt ihr einen noch so guten Namen haben – in Wahrheit seid ihr tot. Was ist gemeint? Was genau macht denn die Lebendigkeit einer Gemeinde aus?

Ich musste, lieber Gospelchor, an unsere Chorproben dienstags denken. Oft ist das ja so: wir lernen ein neues Stück, Abschnitt für Abschnitt, erst die Noten der eigenen Stimme, den Rhythmus, dann nach und nach den Zusammenklang der verschiedenen Stimmen. Und dann irgendwann stehen wir alle auf und singen es mit allen Stimmen gemeinsam. Oft denken wir dann: hm, das klingt doch schon ganz gut, das können wir jetzt. Und dann sagt die Chorleiterin: „Okay, ihr könnt jetzt die Noten – aber nun muss auch Musik daraus werden!" Und dann geht es darum, gut aufeinander zu hören, die einzelnen Worte und Aussagen bewusst zu singen und zu interpretieren, und es geht um die Dynamik von Laut und Leise. Und manchmal gelingt das dann. Manchmal ist das dann so, als ob in so einer Musik wirklich das Herz anfängt zu schlagen. Dann wird die Musik lebendig, dann ist Leben darin zu spüren. Und übrigens, wenn das gelingt, dann kann auch der eine oder andere falsche Ton nicht wirklich stören.

Ich denke, mit dem Glauben und mit der Kirche ist es ganz ähnlich. Es muss nicht perfekt sein, aber der Puls, der Herzschlag soll darin zu spüren sein.

Ich erinnere mich an eine über 90jährige Frau in einer anderen Stadt, mit der ich über ihre Kirche sprach. Sie erzählte mir, was dort alles auf die Beine gestellt würde und dass da immer etwas los sei und wie engagiert alle mitmachen. Und die alte Dame nickte und sagte: „Ja, ja, das ist schon beachtlich." Aber irgendwie sah sie nicht begeistert aus, ja, beinahe enttäuscht. Als ich sie darauf ansprach, sagte sie: „Ja, wissen Sie, es fehlt einfach die Liebe." Sie sagte das so ganz einfach. Mich hat das nachdenklich gemacht und ich habe das bis heute nicht vergessen. „Du hast den Namen, dass du lebst, aber du bist tot." Die Liebe fehlt. Der Pulsschlag ist nicht zu spüren. Erstarrt irgendwie.

Oder vielleicht ist es auch die Hoffnung, die fehlt. Kürzlich erzählte mir jemand, er habe im letzten Jahr einen Weihnachtsgottesdienst erlebt, in dem die Pastorin immerzu nur auf die Reichen geschimpft habe. Er sei auch für soziale Gerechtigkeit, das finde er wichtig, sagte er mir, aber die Kirche solle doch nicht die Menschen beschimpfen sondern Hoffnung vermitteln. Und er habe an diesem Weihnachten wirklich kein bisschen Hoffnung mitgenommen.

Und ebenso kann der Pulsschlag des Glaubens fehlen. Wir können alles Mögliche auf die Beine stellen, wunderbare Feste feiern und uns um Benachteiligte kümmern, aber wenn von Gott und vom Glauben nicht mehr die Rede ist, dann fehlt die Substanz.

Wenn wir den Pulsschlag der Kirche oder einer Gemeinde fühlen wollen, wenn wir wissen wollen, ob sie noch am Leben ist, geht es um diese drei Dinge: um einen ehrlichen Glauben, um eine vielleicht nur tastende Hoffnung und um herzliche Liebe. Und das alles muss nicht perfekt und muss nichts Großartiges sein, aber von Herzen soll es kommen. Eine lebendige Kirche braucht keinen Hochglanz und keine Sensationen. Eine lebendige Kirche glänzt von innen her. Die ist sensibel. Die kann sich Fragen und Zweifel erlauben, Tränen und sogar Konflikte. Es ist wie in einer guten Partnerschaft: da kann es auch mal ganz schön ruckeln, aber du merkst: das Herz ist am Schlagen, da ist Musik drin, das lebt.

„Pass auf, du Engel der Gemeinde" - und ganz ehrlich, sind wir nicht alle auch „Engel der Gemeinde"? - „passt auf, dass ihr nicht erstarrt. Werdet wach, und stärkt das andere, das sterben will."

Stärke das, was sterben will. Aus unternehmerischer Sicht ist dieser Ratschlag ungewöhnlich. Wir kennen das anders: Konzentriert euch auf das, was ihr gut könnt, setzt auf eure Stärken. Und wenn etwas nicht so gut läuft, lasst es fallen, lasst es auslaufen, lasst es eben sterben, kein Problem.

Aber hier ist das anders. Wir werden aufgerufen, gerade das zu beachten und zu stärken, was nicht so gut läuft. Wie macht man das? fragen Sie jetzt vielleicht. In unserem Abschnitt heißt es dazu: „So denke nun daran, wie du empfangen und gehört hast, und halte es fest und tue Buße." Zurückdenken also an den Ursprung des eigenen Glaubens. Die notwendige Veränderung in der Gemeinde von Sardes und auch in der Kirche unserer Zeit geschieht dadurch, dass wir zu den einfachen Anfängen des Glaubens, der Hoffnung und der Liebe umkehren.

Also: wenn die Leute sich nicht mehr in der Bibel auskennen, dann fangt an, mit ihnen die Bibel zu lesen und darüber zu sprechen. Über die Fragen. Über die Anregungen und Provokationen vielleicht. Wenn die Leute nicht mehr wissen, was die christlichen Feste bedeuten, wenn sie Himmelfahrt und Karfreitag verwechseln, Nikolaus und St. Martin, dann zeigt ihnen die Bilder und erzählt ihnen die Geschichten, die zu diesen Festen dazu gehören. Wie gut, dass wir hier in unseren drei Kirchenfenstern eine ganz einfache Anschauung für die drei großen Feste des Kirchenjahres haben.

Und wenn Menschen nicht mehr beten können oder es vielleicht nie gelernt haben, dann übt es mit ihnen ein in ganz einfachen Schritten. Mit Kindergebeten und Psalmen und Liedstrophen und ganz einfachen eigenen Worten, vielleicht auch hier in Gebetsecke am Kerzenleuchter. Man kann beim Beten nichts falsch machen. Falsch wäre nur, wir würden die Möglichkeit und die Wirksamkeit des Gebetes verschweigen.

Was wir heute in unseren Kirchen brauchen, ist im Grunde ein Programm zu religiösen Alphabetisierung, genauer gesagt zu einer religiösen Re-Alphabetisierung. Viele Menschen verstehen die Worte ihres eigenen Glaubens nicht mehr, sie können die Buchstaben ihrer eigenen Religion nicht mehr entziffern, sind sozusagen religiöse Analphabeten. Aber das muss nicht so bleiben. Wie oft habe ich schon gehört, dass junge Eltern, die in der früheren DDR groß geworden sind, außerordentlich bedauern, dass sie das alles mit Gott und dem Glauben nicht so mitbekommen und nicht so gelernt haben. Aber oft wünschen sie sich, dass ihre Kinder es nun lernen. Dass die da hineinwachsen. Das ist die erste und wichtigste Aufgabe der christlichen Kirche auch in unserer Zeit: diese Grundbegriffe des Glaubens, der Hoffnung und der Liebe zu vermitteln, ja, beizubringen – wo immer es möglich ist. Und hier müssen die Schwerpunkte gesetzt werden.

Und wenn Menschen nicht mehr darauf achten, wie es den Anderen ergeht, wenn sie nicht mitkriegen, was die Schwächeren aushalten und mitmachen, dann müssen wir darüber sprechen. Dann müssen wir das zum Thema machen. Es ist doch keine lästige Pflicht, Anderen zu helfen. Sondern es ist die gute Erfahrung einer tragenden Gemeinschaft auch für den Helfenden selbst, wenn Menschen sich gegenseitig unterstützen. Ich sage es so: neben der religiösen Alphabetisierung brauchen wir im Grunde auch eine Re-Sozialisierung in diesem Sinne: eine Zurückführung in die Struktur einer achtsamen Gemeinschaft und in die Verantwortung füreinander.

Werde wach, und stärke, was sterben will. Das ist unsere Aufgabe. Die Kraft aber, die Energie für diese Aufgaben erwächst aus dem Blick nach vorn. Gerade im Advent ist das ganz deutlich. Denn im Grunde ist er selber es, der kommende Christus, der das Schwache stärkt. Den Glauben, die Hoffnung und die Liebe. Ja, der sogar Totes neu zum Leben erweckt. Im Evangelium des dritten Advents haben wir es gehört. „Blinde sehen, Lahme gehen, Tote werden auferweckt und den Armen wird gute Botschaft verkündet." (Matthäus 11,5) Das ist die Nachricht, die Jesus an Johannes den Täufer schickt. Das ist die Botschaft der Adventszeit für uns und für die ganze Welt. Ihn erwarten wir, auch bei uns. Ihn und keinen Anderen. „Wait for the Lord." Am Anfang hat der Chor es gesungen. Warte auf Gott. Erwarte ihn in deinem eigenen Leben. In den weltweiten Krisenherden. Kiew und Korea. Auch da. Auf Gott warten, das ist beides: Hoffen und Geduld haben, diese Spannung. Denn genau darin, in dieser Spannung wird der Herzschlag des Glaubens, werden Glaube, Hoffnung und Liebe lebendig bei uns. Wenn wir wissen: nicht wir sind es, die die Kirche lebendig machen, aber ihn erwarten wir, der das tut, den kommenden Christus. Amen

Das Geheimnis leuchtet - lass es dir nicht nehmen!
Predigt über 1. Timotheus 3, 16 am 24.12. 2013 (Heilig Abend)

Groß ist das Geheimnis des Glaubens: Gott ist offenbart im Fleisch. (1.Tim 3,16)

Liebe Gemeinde,
Weihnachten ist nicht totzukriegen. Nicht durch zu viel Kitsch und nicht durch zu viel Konsum, nicht einmal durch die schlechtesten Comedians im Deutschen Fernsehen. Das Fest hält sich. Zugegeben, manchmal ist es schwierig, ja, es ist reichlich mitgenommen, unser gutes altes Weihnachten. Es ist ausgebeult, geschändet, seiner Unschuld beraubt sozusagen, vielfach missbraucht als Werbeträger für unterschiedlichste Interessen. Aber unter dem allen, was sich da angesammelt und aufgeschichtet hat im Lauf der Geschichte dieses Festes, unter dem allen glänzt und schimmert es noch. Und das merken wir heute. Und fragen uns: was ist das bloß für ein unausrottbarer Glanz?

„Das ist doch nur Pathos", höre ich manche jetzt schon einwenden, „rückwärtsgewandte Sehnsucht, Kindheitserinnerungen, alles nur alte Geschichten."

Vielleicht müssen wir uns das sagen lassen, es ernst nehmen jedenfalls. Manches gehört gründlich abgestaubt an den Bräuchen unserer Weihnachtszeit. Aber damit ist die Frage ja noch nicht beantwortet. „Woher kommt denn dieser Glanz? Was hat es damit auf sich?"

Der Timotheusbrief wurde in den ersten Jahrzehnten des frühen Christentums geschrieben. Gerichtet ist er an den jungen Leiter der Gemeinde in Ephesus im Gebiet der heutigen Türkei. Man kann sich vorstellen, dass dieser Timotheus in seiner Gemeinde einiges um die Ohren hatte. Heute würden wir vielleicht sagen: es gab viele Baustellen, soziale und organisatorische Aufgaben, Konflikte zwischen Generationen und sicher auch Konkurrenz von außen. Aber in all dem, was ihn da beschäftigt und sicher belastet hat, wird er in diesem Brief nun erinnert an den innersten Kern seiner Aufgabe: das Geheimnis des Glaubens zu bewahren. Darauf kommt es an. Und das könnte auch für uns ein Hinweis sein. Die Frage nämlich, was an Substanz bleibt, wenn wir die verschiedenen Schichten von Kitsch und Konsum, von Erinnerungen und Pathos einmal abtragen und uns an den Kern der Sache wagen, um die es Weihnachten geht.

„Groß ist das Geheimnis des Glaubens. Gott ist offenbart im Fleisch." Um ein Geheimnis geht es, griechisch: Mysterium. Ja, das müssen wir einräumen. Das müssen wir frei bekennen: der Glaube *lebt* vom Geheimnis. Oder er stirbt. Eine Kirche jedenfalls, die das Geheimnis des Glaubens weg-erklären oder weg-modernisieren möchte, die braucht auch niemand. Die hat keine Zukunft. Der Glaube *feiert* das Geheimnis. Oder er ist eine traurige Angelegenheit. Ja, man kann ein Geheimnis feiern. Mit Liedern und Gesten, mit Bildern und Gebeten. Und der Glaube *hält fest* am Geheimnis. Er weiß sich gehalten von etwas, das größer ist als er selbst. Nicht dass wir dieses Geheimnis planen oder machen könnte, begreifen oder gar beweisen. Das alles gerade nicht - denn: es ist ja ein Geheimnis.

Aber was sagt dieses Geheimnis noch mal? „Gott ist offenbart im Fleisch." Was bedeutet das? Nun, ein bisschen Philosophie an diesem Heiligabend: Also, Gott, der ewige Ursprung, der Schöpfer allen Seins; das, was das Ganze im Innern zusammenhält und mit Sinn erfüllt – *Gott ist offenbart*, er zeigt sich, er wird sichtbar, und zwar genau in dem Geschehen von Weihnachten. In der Geburt Jesu. „Im Fleisch" heißt es entsprechend dem antiken Sprachgebrauch und das bedeutet: das Ewige wird im Vergänglichen erkennbar. Der Unsichtbare im Sichtbaren. Der Geist in der Materie. Das Erhabene im ganz Niedrigen. Der Gott im Menschenkind. Das ist das Geheimnis des Glaubens, und das feiern wir Weihnachten.

Es ist eine wichtige Entscheidung, ob wir bereit sind, ein Geheimnis zu respektieren. Und wohlgemerkt: das heißt nicht, dass wir gedrängt würden, etwas zu glauben, das wir eigentlich nicht oder noch nicht glauben können. Das heißt nicht, dass wir gedrängt werden, den Verstand abzuschalten. Es bedeutet nur ganz einfach, das Geheimnis als Geheimnis zu achten. Vielleicht darüber zu staunen, vielleicht auch daran zu zweifeln oder danach zu fragen. Aber: es zu achten.

Mit einem anderen Chor haben wir vor Jahren einmal den vierstimmigen Satz von unserem Glaubensbekenntnis gesungen. Wunderbare Harmonien, volle Klänge, der Chor sang voller Begeisterung. Als wir dann an die Stelle mit der Jungfrauengeburt kamen, sie wissen schon, und der Chor das im Brustton der Überzeugung und mit voller Lautstärke sang „geboren von der Jungfrau Maria" - da brach der Chorleiter plötzlich mitten im Stück ab – obwohl alle Töne gestimmt hatten. Es war mucksmäuschenstill. Er legte den Finger auf die Lippen und sagte: „Psssst! Geboren von der Jungfrau Maria - das ist ein Geheimnis. Das versteht man nicht gleich. Das müsst ihr ganz leise singen." Das meine ich mit dem Respekt. Das Geheimnis nicht vereinnahmen, als wäre es banal. Aber auch nicht verschweigen. Sondern achten. In Würde davon sprechen.

Gerade unsere Kirche mit ihrem Namen „Dreifaltigkeit" erinnert ja in besonderer Weise an das Geheimnisvolle im Glauben und in Gott. Denn ganz ehrlich: niemand kann doch vollständig begreifen, was das mit der Dreifaltigkeit des einen Gottes auf sich hat. Auch wir Theologen nicht, machen wir uns da nichts vor. Dieses Symbol erscheint fast wie eine Chiffre, wie ein Schutz für die Unbegreifbarkeit Gottes, für seine Unverfügbarkeit, für das Geheimnis eben.

Dieses Geheimnis gut zu hüten und zu pflegen, das ist die Aufgabe. Das heißt natürlich nicht, es zu verschließen. Sondern davon zu erzählen, es zu zeigen wie man einen kostbaren Schatz zeigt, darüber miteinander staunt und sich vielleicht einfach daran freut.

„Gott ist offenbart im Fleisch." Das ist Weihnachten geschehen. Der Ewige - sichtbar und erkennbar als ein Mensch. Mit einem Namen, „Jesus", das heißt: „Gott hilft". Mit einem Gesicht voll Güte und Klarheit. Es gibt Erfahrungen, die Menschen mit ihm gemacht haben, Geschichten, die man von ihm erzählen kann, und die sind sehr menschlich. Von dem Zimmermannssohn, dem Wanderrabbi, der die Nähe Gottes zu allen Menschen verkündete. Der die Außenseiter zu Freunden machte, der die Kranken heilte und die Gebeugten aufrichtete; der die Feinde zu Vergebung und Versöhnung rief. Dem Barmherzigkeit und Güte mehr galten als der Buchstabe des Gesetzes, für den die Liebe über allem stand. Ganz menschliche, beeindruckende Geschichten sind das, Und gerade in ihrer einfachen Menschlichkeit erkennen wir in diesen Geschichten noch immer den Glanz des Göttlichen. Gott ist offenbart im Fleisch. Das ist der Schatz, der uns anvertraut ist, das ist das Geheimnis, das wir Weihnachten anschauen und feiern dürfen.

Vielleicht sagen nun manche: ja, das klingt schön und gut, aber so fromm bin ich nicht. Was hat das mit meinem Leben zu tun?

Ich sage es so: wenn wir auf diesen Menschen Jesus sehen, dann geht es nicht um ein bisschen Religion, sondern dann halten wir den Schlüssel in der Hand, um unser eigenes Leben zu verstehen und die Welt insgesamt. Dann beginnen wir, den Sinn neu zu entziffern. Dann sind wir dem ganz nah, was die Welt im Innersten zusammenhält: Liebe. Dieser Gott ist die Liebe. Auch wir sind vielleicht gebeugt, an Leib oder Seele. Auch wir sind vielleicht in Streit oder Feindschaft und das belastet unser Leben. Auch wir fragen vielleicht nach dem Sinn in unserem Leben oder nach unserer Zukunftsperspektive, auch wir sind vielleicht erschöpft und warten auf einen neuen Anfang.

Der Chor hat am Anfang ein Lied gesungen, das damit zu tun haben könnte: „Behold the star." Behalte den Stern im Auge. Achte auf ihn. Lass dich von ihm leiten, er zeigt der den Weg. Ich sage es einmal etwas anders: „Behold the mystery." Achte gut auf das Geheimnis des Glaubens. Lass dich davon leiten, inspirieren, trösten, immer neu ermutigen.

In Jesus siehst du Gott als Mensch. Den Ewigen ganz nah bei dir, wo du auch bist, gütig und barmherzig. Bewahre dieses Geheimnis, auch wenn du es nicht ganz begreifst. Lass es dir von niemandem nehmen.

Denn das kann passieren. So wie es uns mit dem Stern passiert ist, hier in unserer Kirche. Es war am Samstag vor dem Ersten Advent. Abends um kurz vor halb sieben rief mich der Küster an und sagte: Jürgen, der Stern ist geklaut. Ja, wirklich. Vor einer Woche war er noch da – und jetzt ist er weg.

Geht das – Advent ohne Stern? Ich habe dann den freundlichen Buchhändler an der Marktkirche angerufen, der hat mich abends nach Ladenschluss durch die Hintertür rein gelassen und mir noch einen Stern verkauft. Es war schon eine ganz schöne Arbeit, den Stern wieder zusammen zu bauen, die richtigen Kabel zu besorgen und aufzuhängen.

Aber so ist das mit dem Geheimnis. Es gibt immer wieder Leute, die es uns nehmen wollen. In der Wissenschaft. In der Wirtschaft. In den Medien. Hüten wir es darum gut. Denn es ist ja mit dem Geheimnis wie mit so einem Stern: wenn wir es erst verloren haben, kostet es große Mühe, es wieder zu finden oder zu erneuern. Aber wir brauchen es, damit wir unseren Weg finden, und weil es der Schlüssel für unser Leben ist.

Wie gut, dass wir heute sehen: dieses Geheimnis leuchtet - für jeden und jede von uns. Der Gott der Liebe, der die Welt im Innersten zusammenhält. Und wie gut, dass wir davon singen können mit einem einfachen, sehr leisen und doch wunderbaren Lied. Amen

Ein Zuhause für alle
Predigt über Johannes 1, 5. 9-12 am 26.12. 2013 (Zweiter Weihnachtstag)

Das Licht scheint in der Finsternis, aber die Finsternis hat's nicht ergriffen. ... Er kam in sein Eigentum, aber die Seinen nahmen ihn nicht auf. Allen aber, die ihn aufnahmen, gab er Macht, Gottes Kinder zu werden. (Joh 1)

Liebe Gemeinde, das muss man sich einmal ganz konkret vorstellen, was das bedeutet. Du kommst nach Hause – und niemand erkennt dich. Du kehrst zurück, nach langer Zeit vielleicht – aber keiner will mit dir etwas zu tun haben. Eine große Enttäuschung muss das sein. Ein großer Schmerz. Sich auf die Begegnung mit den Anderen zu freuen und dann zu hören: „Wer bist du denn? Wir kennen dich gar nicht!" „Du gehörst nicht zu uns."

In der Beziehung zwischen Demenzkranken und ihren Angehörigen ist das eines der größten Probleme. Die eigene Mutter erkennt einen nicht mehr. Und auch wenn man genau weiß, dass das ein Symptom der Krankheit ist – da ist das Kind in uns tief getroffen. Oder wenn der Ehepartner, mit dem man Jahre oder Jahrzehnte zusammengelebt hat, nicht mehr weiß, wer man ist. Plötzlich anfängt, „Sie" zu uns sagen. So sehr wir auch wissen, dass das nicht persönlich gemeint ist, so sehr wir auch wissen, dass der Andere gar nichts dafür kann – es tut einfach weh. Es fühlt sich an wie das Ende einer vertrauten Beziehung.

Und nun also Weihnachten. Weihnachten kommen viele Menschen wieder „nach Hause". Jüngere, die zur Ausbildung oder zum im Studium in einer anderen Stadt sind. Sie besuchen ihre Eltern und Geschwister, sie treffen ihre Freunde. Erwachsen gewordene Kinder besuchen die altgewordenen Eltern. Nach Hause kommen. Es ist schön, sich wieder zu sehen, meistens jedenfalls. Die alten Wege gehen, die vertrauten Rituale, die Gerüche, die man noch in der Nase hat. Es gibt viel zu erzählen und es gibt viele gemeinsame Erinnerungen. Aber es ist bitter, sich vorzustellen, dass man nach Hause kommt und nicht erkannt wird.

Jesus, das Licht der Welt, kommt nach Hause. Das ist der Grundgedanke in dem berühmten Abschnitt am Anfang des Johannes-Evangeliums. Er kommt nach Hause - aber er wird nicht erkannt. Er wird nicht eingelassen, von den meisten nicht aufgenommen. Was willst du hier? Wer bist du überhaupt? Wir haben nichts mit dir zu tun. Wir kennen dich nicht.

Aber Moment mal, sagen Sie jetzt vielleicht: stimmt das denn überhaupt? Haben wir denn nicht mehrere Tage lang Weihnachten gefeiert? Dazu die ganze Adventszeit? Waren die Gottesdienste am Heiligen Abend nicht gut besucht, ja geradezu voll? Haben ihn nicht sehr viele Menschen in diesen Tagen aufgenommen und in ihr Leben eingelassen. Denken wir an die Kinder im Krippenspiel, die mit Begeisterung ihre Rollen gespielt haben als Engel oder Hirten, denken wir an die älteren Leute bei den Weihnachtsfeiern, die so gern die alten Lieder mitgesungen haben, denken wir an einzelne Menschen in Gottesdiensten oder bei Konzerten - haben ihn nicht viele aufgenommen? - Ja, ich glaube, das kann gut sein. Wir wissen es nicht.

Und die Frage, die das Johannesevangelium uns im Kern stellt, ist wohl diese: habt ihr auch erkannt, **wer** da geboren wurde und was das mit euch zu tun hat?

Gegenüber den anderen Weihnachtserzählungen betont das Johannesevangelium die enge Zusammengehörigkeit zwischen Jesus und uns Menschen. Zwischen dem Christkind und allen, die damals an der Krippe standen oder von ihm hörten oder ihn heute feiern, auf welche Weise auch immer. Es ist im Grunde wie eine Verwandtschaftsbeziehung. Er kam in sein Eigentum. Wörtlich übersetzt: in „das Eigene", was zu ihm gehört.

Damit aber sagt das Johannesevangelium etwas über uns selber aus, und zwar etwas ganz Unerwartetes. Wir Menschen auf dieser Welt, damals und heute, und zwar egal, wie religiös oder wie gut oder schlecht wir sind, wir gehören zu ihm. Wir sind seine Verwandtschaft, seine Freunde, seine Heimat.

Was sagen Sie dazu? Das würde ich Sie nun gern einmal fragen. Haben Sie sich selber, haben Sie Ihr eigenes Leben schon einmal in dieser Perspektive gesehen? Ich gebe zu, das ist ein bisschen Philosophie, aber das ist hoch spannend.
Denn zwei Dinge werden gesagt über diese enge Zusammengehörigkeit zwischen Christus und uns. Das eine betrifft die Welt als ganze: die Welt ist durch ihn gemacht (V. 10). Durch Christus, Sie haben es richtig verstanden. Denn Christus, so sagt das Johannesevangelium, war immer schon da. Er wird hier als schon ewig gegenwärtig verstanden. Der war schon ganz am Anfang bei der Schöpfung der Welt dabei. Er, Christus, war nämlich am Anfang das göttliche Wort. Das Wort Gottes, durch das alles ins Leben gerufen wurde. Auch wir.
Und das ist zweite, was wir hören, das betrifft uns selber: dieser Christus war „das wahre Licht, das alle Menschen erleuchtet, die in diese Welt kommen" (V.9). Nicht nur ein paar. Nicht nur die Frommen. Nicht nur die Klugen. Sondern alle Menschen – erleuchtet von seinem Licht. - Ganz im Ernst, das muss man mal zu Ende denken. Also: wir selber, so sehr wir auch oft im Dunkel tappen, und so sehr wir um unsere eigenen Schatten und Grauzonen wissen – wir sind trotzdem von ihm erleuchtet, tragen trotzdem sein Licht in uns. Und, mindestens ebenso bemerkenswert, auch die Anderen, sogar die, die wir für - naja, längst nicht so gut und gescheit gehalten haben, die auch! Die sind auch von ihm erleuchtet. Sogar die, die wir ganz unmöglich finden. Auch die tragen dieses Licht in sich, diese enge Zugehörigkeit zu Gott. Wir alle, so hieße das doch: wir alle kommen von Gott. Sind seine Kinder. Wir sind ihm verwandt.

Weihnachten ist auch und gerade in diesem Sinne ein Verwandtschaftsfest. Viele Menschen kehren nach Hause zurück oder möchten mit denen zusammen sein, bei denen sie sich zuhause fühlen. Das Johannesevangelium erinnert uns an unsere himmlische Herkunft, an unser Zuhause bei Gott. Jesus, das Licht, ruft uns aus der Finsternis zurück in das Licht.

„Allen aber, die ihn aufnahmen, gab er Macht, Gottes Kinder zu werden." Vielleicht verstehen das in den Weihnachtstagen gerade die am besten, die keine Angehörigen und kein Zuhause und keine Heimat haben. Ich würde es gerade ihnen jedenfalls gern sagen. Den Obdachlosen etwa, die sich von Tag zu Tag durch's Leben schlagen, immer darauf angewiesen, dass ihnen doch noch jemand weiterhilft. Oder den Flüchtlingen, unterwegs in vielen Teilen der Welt, die keine Chance haben, wenn sie nicht aufgenommen werden. „Denen aber, die ihn aufnahmen, gab er Macht, Gottes Kinder zu werden...." Müssen wir damit rechnen, dass Christus auch als Flüchtling bei uns anklopft? „ Er kam in sein Eigentum, und die Seinen…" wie wird es dann heißen – nahmen sie ihn auf?

Und ich denke schließlich an manche, die zwar Obdach und Auskommen haben, aber keine Angehörigen oder Freunde, und die sich gerade in diesen Tagen sehr allein fühlen. Du hast ein Zuhause, wird ihnen hier gesagt, eine Heimat und du hast Menschen, zu denen du gehörst. Die himmlische Herkunft verbindet euch.

Weihnachten hat mit Nach-Hause-Kommen zu tun. Jesus, das Licht der Welt, kommt nach Hause. Oft wird er abgewiesen, nicht erkannt, das ist wohl wahr. Aber noch mehr hat Weihnachten damit zu tun, dass wir selber nach Hause zurückkehren. Dass wir erkennen, woher wir kommen und wohin wir gehören. Dass wir mit dem Himmel verbunden sind und zu ihm gehören, dem, der von Anfang an da war, und der uns ins Licht ruft, wo wir auch sind. Wie gut, wenn man Weihnachten zurückkehrt und alles wieder erkennt. Dazu sind wir eingeladen, wie gläubig wir auch sind. Amen

Die kleinen Orte und die große Hoffnung bewahren
Zu Hebräer 13,14 (Jahreslosung 2013) am 31.12. 2012 (Silvester)

Wir haben hier keine bleibende Stadt, sondern die zukünftige suchen wir.

Liebe Gemeinde,
so ein Satz weckt Erinnerungen. Kennen Sie zum Beispiel noch Hannes Waders Lied? „Heute hier, morgen dort, bin kaum da, muss ich fort …" – Oft haben wir das als Studenten gehört oder am Lagerfeuer selbst gesungen. Und dann der Kehrvers: „So vergeht Jahr um Jahr, und es ist mir längst klar, dass nichts bleibt, dass nichts bleibt, wie es war."

Und vielleicht ist Ihnen auch noch Hermann Hesses Gedicht von den „Stufen" des Lebens in Erinnerung:
„….kaum sind wir heimisch einem Lebenskreise,
und traulich eingewohnt, so droht Erschlaffen.

Nur wer bereit zu Aufbruch ist und Reise,
mag lähmender Gewöhnung sich entraffen.
Wir sollen heiter Raum um Raum durchschreiten,
an keinem wie an einer Heimat hängen...."
Es ist so eine Stimmung, die sich – gerade am letzten Tag des Jahres – mit diesem Satz aus dem Hebräerbrief verbindet. Wir müssen Dinge loslassen. Wir gehen auf neue Aufgaben und Lebensabschnitte zu. „Wir haben hier keine bleibende Stadt, aber die zukünftige suchen wir." Einerseits klingt darin die Melancholie des Loslassens an, daneben aber auch eine Art Aussteiger-Sehnsucht gegen die Tendenz, allzu sesshaft und allzu bürgerlich zu werden.

Inzwischen jedoch ist diese Sehnsucht nach Aufbruch und der Wunsch nach permanenter Veränderung zu einer allgemeinen gesellschaftlichen Tendenz, zum Mainstream geworden. Und diese Tendenz bestimmt die Reformdebatten in den verschiedenen Bereichen unserer Gesellschaft. Die Sehnsucht, die einmal die Sehnsucht der Aussteiger war, hat sich inzwischen zur herrschenden Geistesströmung entwickelt. Ja, beinahe scheinen die Wort „Veränderung" und „Reform" ungeprüft zu eigenen moralischen Werten geworden zu sein, zu einem in sich von vornherein klaren Zweck und Ziel, das mitunter jedes Mittel rechtfertigt – Reform um der Reform willen. Die Situation unserer Gesellschaft ist nicht mehr so sehr durch die Auseinandersetzung mit erstarrten Strukturen geprägt, sondern durch die schnelle und leichtfertige Auflösung von bisher selbstverständlichen Systemen unseres Zusammenlebens. Das beginnt bei Kindergärten und Schulen, betrifft Krankenhäuser und Pflegedienste, und macht auch nicht Halt vor kleinen Geschäften, Postämtern und kulturellen Einrichtungen.

Diese Entwicklung hat mit einiger Vehemenz seit einigen Jahren auch unsere Kirchen erfasst. Mit dem sogenannten Reformpapier „Kirche der Freiheit" hat der Rat der Ev. Kirche in der Deutschland (2006) die Abwertung und Auflösung der kleinen Einheiten vor Ort sozusagen zum Programm gemacht. 50 % der Ortsgemeinden, der normalen Kirchengemeinden also, sollen bis 2030 nach diesem Papier aufgelöst werden. Dafür sollten große Kirchen als sogenannte „Leuchtturmkirchen" hervorgehoben und besonders unterstützt werden. Über die Folgen dieser Entwicklung hat die Bochumer Theologieprofessorin Isolde Karle weniger Jahre später ein Buch geschrieben, dessen Titel die Gefahr deutlich macht, in der wir uns befinden: „Kirche im Reformstress" (Gütersloh 2010). Und was dieser „Reformstress" bedeutet, haben wir in Hannover im Laufe dieses Jahres besonders gemerkt: mit der Corvinuskirche in Stöcken, der Gerhard-Uhlhorn-Kirche in Linden und der Athanasiuskirche in der Südstadt wurden allein in einem Jahr drei ev. Kirchen in Hannover „entwidmet". Und das heißt jeweils: da haben Menschen die vertrauten geistlichen Heimatorte verloren. Und zur theologischen Deutung dieser und ähnlicher Maßnahmen wurde immer wieder unser Satz aus dem Hebräerbrief zitiert: „Wir haben hier keine bleibende Stadt, sondern die zukünftige suchen wir."

Wenn aber die Auflösung von Gemeinden oder sogar die Entwidmung von Kirchen mit dem Verweis auf diesen Satz gerechtfertigt wird, dann muss man skeptisch werden. Dann ist es Zeit, den Hintergrund dieses neutestamentlichen Wortes genauer zu betrachten. Natürlich: das Unterwegs-Sein, das Ausgerichtet-Sein auf Zukunft gehört mit zum Wesen des Glaubens. Aber mit gewaltsamen Reformen, die die Menschen in der Identität und Heimat ihres Glaubens verunsichern, hat das nichts, aber auch gar nichts zu tun.

Die Menschen, die im Hebräerbrief angesprochen waren, hatten nämlich wirklich und buchstäblich keine „bleibende Stadt", keine Bleibe, keinen Ort, an dem sie sich dauerhaft aufhalten konnten mit ihrem Glauben. Einfach gesagt: Da gab´s keine Kirchen. Und das ist beileibe nichts Romantisches. Und das ist auch nichts, was religiös zu überhöhen oder zu gar zu verherrlichen wäre, wenn man sich zum Beten oder zum Gottesdienst verstecken muss, wie es die Christen in der Zeit der Verfolgungen tun mußten . Das „wandernde Gottesvolk", von dem im Hebräerbrief immer wieder die Rede ist, wanderte ja nicht, weil es keinen festen Ort *brauchte,* sondern weil es keinen festen Ort *hatte.* Die warteten wirklich auf Heimat, auf das verheißene Land, auf eine zukünftige Stadt – auf ein Zuhause eben.

Meine stärkste Erinnerung in Verbindung mit der Jahreslosung sind die Russlanddeutschen Familien, mit denen ich in meiner früheren Gemeinde in Hannover-Sahlkamp oft zu tun hatte. Für diese Menschen war das eine konkret prägende Lebenserfahrung geworden: keine bleibende Stadt zu haben. Ganz ähnlich den Flüchtlingen in Syrien oder anderen Krisengebieten heute. Immer wieder umgesiedelt zu werden, von Siebenbürgen nach Deutschland, von Deutschland nach Sibirien, von Sibirien nach Kasachstan oder Tadschikistan. Und dort, in Russland, keinerlei Heimat und keinerlei kulturelle Identität zu haben, die Muttersprache war zum Teil verboten, die Religionsausübung nur im Privatbereich möglich. Oft hat der Großvater die Enkel im Wohnzimmer getauft und da auch die Gottesdienste und den Konfirmandenunterricht gehalten. Im Geheimen, nein, keine bleibende Stadt. Aber in ihren Liedern und Gebeten fanden sie Kraft. Die Sehnsucht war zu spüren, wenn sie sangen. Getränkt mit dem Schmerz von Zwangsarbeit, Vertreibung und anderem Leid, das ihnen zugefügt worden war.

Nein, das ist kein Wort für Strukturdebatten und das ist kein Leitsatz für Reformeiferer. Das ist ein Hoffnungswort für Flüchtlinge, für Entwurzelte, für Leute, die ihrer Sprache und Kultur und Religion beraubt wurden. Das ist ein Versprechen an Heimatlose.

„Wir haben wir keine bleibende Stadt" – das ist kein allgemeiner Aufruf zum Loslassens oder zu Reformen, deren Ziel im Unklaren ist. Es ist ein mit Erfahrung gesättigter, ein durch und durch leidgeprüfter Satz. Aber der das sagt, bleibt nicht bei der Klage stehen, sondern er stellt die Hoffnung dagegen und findet daran Halt.

„Aber die zukünftige Stadt, die suchen wir." Auf die hoffen wir. Nach der sehnen wir uns mit allen Fasern unseres Lebens. Wir wissen längst, dass die kleinen irdischen Heimaten nicht ewig sind. Aber wenn wir sie haben, werden wir sie nicht leichtfertig aufgeben.

Wir aber, liebe Gemeinde, wir in unserer Zeit sind oft dabei, uns unserer Religion und Kultur und des Zusammenhalts im Kleinen wie im Großen selbst zu berauben. Wenn wir planmäßig Kirchen entwidmen oder gar abreißen, wenn wir planmäßig funktionierende soziale Strukturen auflösen, dann haben wir praktisch die Heimatlosigkeit zum Konzept gemacht. Heimatlosigkeit ist aber, vom Glauben her betrachtet, niemals ein Ziel und auch kein Mittel zu irgendeinem Zweck, sondern ein Leid, das überwunden soll!

Darum sollten wir die vorläufigen Orte von Beheimatung für Menschen achten und bewahren. Und dabei darauf achten, dass in diesen Orten vorläufiger Beheimatung die „zukünftige Stadt", also die große Hoffnung Gestalt und Ausdruck findet. Kirche kann niemals rückwärtsgewandt sein, sie lebt immer in der Hoffnung und Erwartung auf Gottes Zukunft. Aber, eben nicht auf irgendeine, jetzt noch unklare, sondern auf **Gottes** Zukunft.

Der Hebräerbrief lässt seine Leser über den Inhalt dieser Hoffnung nicht im Ungewissen. Die „zukünftige Stadt" ist mit einem klaren Namen verbunden. Auf dem Lesezeichen, das Sie bekommen haben, ist das übrigens durch das leuchtende Zeichen des Kreuzes über dem Erdball angedeutet. Wenige Sätze vor dieser Jahreslosung wird im Hebräerbrief der Name der Hoffnung benannt: „Jesus Christus, gestern und heute und derselbe auch in Ewigkeit."

Also: er, dieser Jesus, ist der Schlüssel zu Vergangenheit, Gegenwart und Zukunft unserer Welt. Die alte kirchliche Lehre vom dreifachen Kommen Christi hat das deutlich gemacht: er kam in die Welt in der Geburt des Kindes in der Krippe. Er kommt aber auch heute zu uns in Wort und Sakrament durch seinen Heiligen Geist. Und er wird einmal kommen am Ende der Zeiten und wird die Tränen abwischen von den Gesichtern all derer, die so viel verloren haben. Er ist es, der da war und der da ist und der da kommt. Genau das feiern wir Weihnachten.

In den Verlusterfahrungen unseres Lebens finden wir in diesem Jesus und in der Botschaft von seiner Geburt Hoffnung und Halt. Das, liebe Gemeinde, macht Weihnachten so stark. Weil es von dem handelt, was bleibt und was jenseits allen menschliches Leides noch kommt.

Ich werde nicht vergessen, wie ich einmal in der Weihnachtszeit zu einem Trauergespräch in eine Familie kam, in die Mutter sehr plötzlich gestorben war. Die Situation war dramatisch. Die Worte fehlten, Schmerz und Trauer waren mit Händen zu greifen. Aber auf einem kleinen Tisch im Flur, erleuchtet nur von einer schwachen Lampe, stand eine Weihnachtskrippe. Mit Maria und Josef und dem Kind und mit all den anderen Figuren. Ich werde das nie vergessen. Mitten in der Erfahrung des Verlustes hatte der Glaube hier einen Ort. Und die Hoffnung. Einen kleinen, unscheinbaren Ort nur. Aber der war wichtig. Weil dort zu sehen war: Jesus wird auch hier geboren, auch in dieser Dunkelheit, ein noch so kleines, aber doch sichtbares Licht. So dass die Hoffnung daran Halt finden kann und die Freude neu entstehen, und sei es nur für einen Moment.

Ich bin überzeugt, liebe Gemeinde, worauf es für die Kirchen in Zukunft ankommen wird, das sind nicht die großen und prachtvollen Bauten, in denen spektakuläre Ereignisse stattfinden. Sondern es sind die kleinen Orte, und es sind diese kleinen Momente, die Menschen brauchen. Damit die große Hoffnung in ihrem Herzen bewahrt wird. Weil sie dort sehen und erleben: auch hier ist Jesus geboren. Amen

Gott hat einen Plan
Predigt über Sprüche 16,9 am Neujahrstag 2013

Des Menschen Herz erdenkt sich seinen Weg, aber der Herr allein lenkt seinen Schritt.

Liebe Gemeinde, dieser Satz alttestamentlicher Weisheit ist zwar an die 3000 Jahre alt, aber wir verstehen doch auch heute sofort, was gemeint ist. Denken wir allein an das vergangene Jahr zurück, so fällt uns allen sicher einiges ein, was an Schönem oder Schrecklichen in unserem Plan nicht vorgesehen war und doch passiert ist. Und was uns – je nachdem – mit tiefer Trauer oder mit großer Dankbarkeit erfüllt hat. War es Gott, der das getan hat? So fragen wir vielleicht manchmal. Aber das entzieht sich letztlich unserem Erkennen, es bleibt ganz dem Glauben überlassen, der ja nur danken oder eben klagen kann, aber nicht im objektiven Sinne wissen, wie es nun war. Was wir in allen Erfahrungen von Glück oder Unglück sagen und festhalten können, ist aber wohl dies: unsere Fähigkeiten der Planung sind begrenzt. Viele Menschen scheuen die ausdrücklich religiöse Formulierung, aber die Erkenntnis bleibt dieselbe, auch wenn man es weltlich ausspricht: erstens kommt es anders, und zweitens als man denkt.

Und doch suchen wir, wenn es ernst wird, nach einer Absicht hinter dem, was uns als günstiges oder als schweres Schicksal betrifft. Wir werden die Warumfrage einfach nicht los. Wer tut uns das an? Warum geschieht uns das? Was hat sich, wer auch immer, dabei gedacht? Wir suchen nach dem Sinn in dem, was uns widerfährt.

Bis zu einem gewissen Grad können wir die Lebensrätsel in einer gleichsam existentialistischen Grundhaltung ertragen. Aber irgendwann sind wir dann doch wieder religiös, „unheilbar religiös", wie einmal jemand gesagt hat, und suchen hinter allem einen Gott. Den wir verantwortlich machen oder anklagen - oder dem wir von Herzen danken und vertrauen können. Peter Handke, ein nicht gerade für seine Christlichkeit bekannte Schriftsteller, sagt es so: „Manchmal bin ich ein religiöser Mensch. Dann bin ich dankbar und weiß nicht wem." Und für die Erfahrung des Unglücks ließe sich das entsprechend formulieren: „Manchmal bin ich ein religiöser Mensch. Dann bin ich zornig – und weiß nicht, auf wen." Wir werden die Frage offenbar nicht los. Also, wie ist das: lenkt Gott unseren Schritt?

Es gibt Menschen, die in einem einfachen Gottvertrauen diese Frage bejahen können. Das Wort aus den Sprüchen Salomos lädt dazu ein. Und jedes Gebet führt uns in diese Richtung. Aber es gibt aber auch Menschen, die das nicht können, oder die mit diesem einfachen Vertrauen jedenfalls ihre Schwierigkeiten haben. Wenn Gott unseren Schritt lenkt, warum geschieht dann so viel Schreckliches? Denken wir an die von einem Amokläufer ermordeten Kinder von Newtown, denken wir an die indische Studentin, die auf unvorstellbare Weise misshandelt wurde, denken wir an Auschwitz. Lenkt Gott unseren Schritt? Kann man das noch so sagen?

Während ich über diese Frage nachdenke, ob ich das eigentlich glauben kann, dass es neben unseren eigenen Plänen so eine Art „göttlichen Plan" oder Lenkung in unserem Leben gibt und in unserer Welt, während ich über all das nachdenke und zwischen Zweifel und Vertrauen schwanke, gibt mir das Evangelium, das wir vorhin gehört haben (Lukas 4, 16-21), einen Hinweis aus einer anderen Richtung, der mir einen neuen Blick auf diese Frage eröffnet:

In seiner Antrittsrede in der Synagoge in Nazareth hat Jesus nämlich genau davon gesprochen, dass Gott einen Plan hat. Und er hat gesagt: das ist der große Plan der

Freiheit und Gerechtigkeit, der Gnade und der Heilung. „Gott hat mich gesandt", sagt Jesus zum Erstaunen der Zuhörer, „den Armen gute Botschaft zu verkündigen und den Gefangenen die Freiheit; den Blinden, dass sie sehen und den Zerschlagenen, dass sie heil werden." Ein Jahr der Gnade - das ist der Plan. Und in seiner eigenen Person, in Jesus selbst, geht dieser göttliche Plan in die Phase der Umsetzung „Heute ist dieses Wort erfüllt vor euren Ohren."

Ich finde, das wirft ein neues Licht auf die Frage, wie sich unsere Pläne und die schicksalhaft lenkende Macht Gottes zueinander verhalten. Zwei Aspekte sind mir dabei wichtig.

Erstens. Der Plan Gottes, der in Jesus ans Licht kam und in diesen Worten ja formuliert ist, dieser Plan Gottes bedeutet **Heil** und **nicht Unheil,** ist Freiheit und nicht Zwang, ist Gnade und nicht Strafe. Dafür steht dieser Mensch Jesus sozusagen als Bürge, als Garant der Gnade. In ihm wird deutlich: hinter allen nur denkbaren Rätseln unseres Lebens gibt es doch immer noch einen wohlmeinenden, ja, einen liebevollen göttlichen Plan. Oft ist uns dieser Plan vollkommen verborgen. Oft hat unser Glaube wirklich „keinen Plan". Aber wenn wir in den Erfahrungen von Schmerz und Krise auf das Kind in der Krippe sehen und auf das Kreuz, wenn wir auf diese Worte Jesu hören, dann scheint die Gewissheit auf: am Ende wird es doch gut - weil er es gut mit uns meint. Und wenn es auf den Wegen unseres Schicksals noch so viele Umwege gibt: Gott meint es gut. Gnade – das ist der Plan, dafür steht der Name Jesus, und das heißt: Gott hilft.

Ein zweiter Aspekt. In diesen Plan will Gott uns Menschen aktiv mit einbeziehen. Den Plan der Freiheit und Gerechtigkeit, der Heilung und der Gnade in dieser Welt umzusetzen, dazu braucht Gott uns und unsere Hilfe. Wenn wir das hören und beherzigen, wenn wir unsere Pläne davon beeinflussen, vielleicht auch korrigieren lassen – dann wird unsere Welt ein Stück gnädiger und gerechter, freier und heiler werden. Das wäre gute Botschaft für Arme und Gefangene und für alle, die ganz unten sind. Es gibt eine Segensformulierung, die das deutlich macht, und wir könnten es uns als Segen für dieses neue Jahr mit auf den Weg nehmen: „Gott nehme dein Leben in seinen Schutz. Er mache dich zum Helfer seines guten Willens mit uns Menschen." Beides gehört zum Glauben: beschützt sein und gebraucht werden.

Was die menschlichen Pläne und Gottes Macht angeht, gibt es in manchen kirchlichen Kreisen eine etwas bittere Weisheit, die ich heute nicht unerwähnt lassen will. „Wenn du Gott zum Lachen bringen willst, dann mach Pläne."

Nein, ich glaube nicht, dass Gott so schadenfroh ist. Ich glaube nicht, dass er unsere Planungen und unser Schicksal so kühl lächelnd beobachtet. Dazu ist Gott viel zu nah an uns dran, dazu ist viel zu sehr beteiligt. Aber dass er unsere Pläne korrigiert, durchkreuzt, dass er uns manchmal andere, oft unbekannte Wege führt – ja, das glaube ich schon. Nicht immer erkennen wir den Sinn. Aber hinter allem bleibt dann immer noch der Blick auf Jesus und die Gewissheit: der Plan heißt Gnade und Freiheit und Heilung.

Diesen Blick auf Jesus muss Johann Sebastian Bach wohl gehabt haben, als er seine Kantate zum Neujahrstag (BWV 41) schrieb. Das ist kein meditativer Rückblick oder Ausblick, sondern theologisch geradezu ein einziger großer Lobpreis mit dem Titel: „Jesu, nun sei gepreiset / zu diesem neuen Jahr." Hans Werner Dannowski schreibt dazu in seinem Buch: „Trompeten und Pauken und das ganze Orchester stimmen ein grandioses Lied voller Zuversicht an. So müsste man hineingehen können in das neue Jahr… so voller Schwung und Kraft und Vertrauen in eine gute Zukunft. Das erste Wort aber …macht sogleich deutlich, dass diese Zukunftsgewissheit sich nicht aus der Gelassenheit eines unerschütterbaren Selbstvertrauens speist. „Jesu, nun sei gepreiset" singt der Chor wie mit einer Stimme. … Dass auch das kommende Jahr ein „Anno domini", ein Jahr des Herrn ist, daran kann überhaupt nicht gerüttelt werden." (S.26) Und etwas später schreibt er weiter:
„Mit dieser Musik des Johann Sebastian Bach gehen wir in ein neues Jahr. Bekanntes, aber auch Aufregendes und Unbekanntes wird es bringen. Man kann am Anfang des Jahres nicht sagen, wo wir am Ende sein werden. Die Übergänge führen in ein unbekanntes Land. Aber die Musik des großen Meisters nährt die Hoffnung, dass Einer mitgeht im Wechsel der Zeiten." (S. 30f)
Soweit Dannowski in seinem Buch „Der Himmel lacht" über die Neujahrskantate von Bach. Zwischen Glück und Unglück unseres Lebens, zwischen unseren Plänen und Gottes lenkender Macht finden wir Zuversicht im Blick auf Jesus. In ihm ist Gottes guter Plan für uns und unsere Welt erkennbar. Vielleicht sagen wir es nicht triumphierend wie Trompeten, vielleicht sagen wir es leiser, eben auf unsere eigene Weise In einer anderen Bachkantate ist so ausgedrückt:

Jesus bleibet meine Freude, / meines Herzens Trost und Saft.
Jesus wehret allem Leide, / er ist meines Lebens Kraft,
meiner Augen Lust und Sonne, / meiner Seele Schatz und Wonne;
darum lass ich Jesum nicht / aus dem Herzen und Gesicht. (BWV 147).
Amen

Gib acht auf diesen hellen Schein….
Predigt über 2 Korinther 4, 3-6 am 6.1.2014 (Epiphanias)

Liebe Gemeinde,

am Ende der Weihnachtszeit wird unser Blick heute Abend auf unser eigenes Herz gerichtet. Was mag alles darin sein an Gedanken oder Gefühlen? Welche Erinnerungen an Momente von Glück oder Unglück in den vergangenen Tagen? Welche Pläne für all das, was in der nächsten Zeit vor uns liegt? Sorgen um Menschen, die uns lieb sind oder auch um uns selbst? Sehnsucht, Hoffnung oder Liebe, wer kann das ermessen? Es ist nicht immer einfach, das eigene Herz anzuschauen. Mutet einem dieser Blick doch manchmal ein Maß an Wahrheit und Ehrlichkeit zu, das nicht leicht zu ertragen ist.

Heute aber soll uns der Blick auf das eigene Herz nicht schwerfallen. Denn Gott, so schreibt der Apostel Paulus an die Christen in der pulsierenden Hafenstadt Korinth, denn Gott hat einen hellen Schein in unsere Herzen gegeben. Einen hellen Schein - haben Sie das gehört? Haben Sie das auch *richtig* gehört? Gott *hat* einen hellen Schein *gegeben* – Indikativ ist das. Perfekt. Das *ist* geschehen. Keine Zukunft, kein Konjunktiv. Kein Versprechen und kein „Vielleicht" oder „Wahrscheinlich" und auch kein „wenn du es nur glaubst…". Sondern es ist so. Gott hat diesen Schein in unsre Herzen gegeben. – Können Sie, verzeihen Sie, wenn ich das einmal so direkt frage: können Sie ihn sehen? Können Sie diesen hellen Schein in ihrem Herzen erkennen?

Ich kann mir vorstellen, das muss man erst sacken lassen. Und dann kann man sich mal umschauen in diesem eigenen Herzen – dem verzagten, dem aufgewühlten, dem ratlosen oder rastlosen, dem sehnsüchtig hoffenden Herzen – dann kann man sich mal umschauen, wo denn dieser helle Schein sein könnte.

Ja, erinnern wir uns einmal am Ende dieser Weihnachtszeit, wo es solche Momente gab, in denen wir diesen hellen Schein gespürt oder gesehen haben, jetzt in den letzten Tagen oder auch früher in unserem Leben.

Wenn wir uns trauen würden, könnten wir einander davon erzählen, sehr persönlich erzählen, wie unser Herz einmal hell geworden ist und auch unser Gesicht. Wie es in uns hell wurde, weil wir uns freuten über ein Geschenk oder einen Gruß, ein Gespräch oder eine freundliche Geste, weil wir uns getröstet fühlten von einem Lied oder einer Musik, von dem Schein einer Kerze oder der Wintersonne am Nachmittag. Oder wie wir es früher, vor Jahren erlebt haben in Momenten, die wir nie vergessen konnten, die uns immer irgendwie begleitet haben: Gott hat einen hellen Schein in unser Herz gegeben.

Übrigens nicht nur in die Herzen von ein paar Auserwählten. Das müssen wir gleich festhalten. Sondern da steht: in *unsere* Herzen. Also in die Herzen aller, die das hören. Das meint Paulus offenbar. Niemand ist davon ausgenommen.

Und das ist keinesfalls selbstverständlich. Denn das menschliche Herz ist nicht von Natur aus ein Ort hellen Lichtes. Im Gegenteil. Die Bibel sagt es deutlich: das Dichten und Trachten des menschlichen Herzens „ist böse von Jugend auf", so hören wir es in der Erzählung von der großen Flut am Anfang der Menschheitsgeschichte (1. Mose 8). Das ist der Grund, der letzte und eigentliche Grund für die Entwicklung, die zum Untergang führen könnte. Das menschliche Herz. Natürlich, wir können die Ursachen heute im Einzelnen genauer benennen, und das ist auch nicht falsch: es ist der Klimawandel, es ist das Unrecht in der Welt, es ist die Gewalt zwischen Menschen und Völkern, es ist der Egoismus. Das stimmt alles, das sind alles Faktoren, ja. Aber hinter all diesen Faktoren ist es die eine Ursache: das menschliche Herz mit seinen dunklen und bösen Seiten. Wir haben gelernt, das zu kultivieren, es zu „sublimieren", wie die Psychologen sagen, es konstruktiv umzuwandeln oder einigermaßen zu verbergen und in Schach zu halten. Aber wer von uns, wenn wir ehrlich sind, wer wüsste nicht von sich selber, wie viel Dunkel das eigene Herz bedeckt, sei es die Dunkelheit von Neid oder Hass, von Angst oder Trauer oder Schuld.

Aber nun, so sagt Paulus, nun hat Gott einen hellen Schein in diese unsere Herzen gegeben. Und Paulus vergleicht das mit dem Geschehen am Anfang der Welt, mit der Erschaffung des Lichtes über dem großen Tohuwabohu der Urzeit. „Und Gott sprach: es werde Licht – und es ward Licht."

Und das ist nun geschehen für jeden einzelnen Menschen in der Geburt des Jesuskindes. Wie eine neue Schöpfung in uns selbst und für uns selbst. Gott sprach zu – und setzen Sie hier bitte Ihren eigenen Namen ein - : „im Tohuwabohu dieses ganz bestimmten Herzens soll Licht aufstrahlen" . Und es ward Licht. Und Gott sah, dass es gut war.

Liebe Schwestern und Brüder, das ist das Ereignis von Weihnachten. Wer immer von der Geburt Jesu auch nur gehört hat, wer immer an der Krippe steht oder kniet oder auch nur aus weiter Ferne den Stern entdeckt hat, der dort hin führt – in dem ist schon der helle Lichtschein entzündet.

Und der soll uns nun leiten. Und der *kann* uns auch leiten. Wie er die Könige oder Weisen ihren Weg geführt hat. Aber nicht nur das. Sondern diese helle Schein kann und soll *Erleuchtung* bewirken – ja, Erleuchtung steht da! – um uns herum und für Andere. Weihnachten, liebe Mitchristen und liebe Gäste, ist also nicht nur eine schöne Erinnerung, es ist ein Auftrag. Ihr habt das Licht in euch - ja, das ist so – aber nun bringt es zu den Anderen, nun tragt es in die Welt.

Heute sind die Kinder als Sternsinger unterwegs gewesen. Es ist ein Weiterspielen der Geschichte von diesen drei Weisen oder Königen. Die von dem Licht erfasst und geführt und dann erfüllt wurden. Und die dann ihre Schätze ausgebreitet haben. Und die es weitergeben als Segen in die Häuser und als Gaben für die, die Not leiden. Es ist nur eine Übung, ja - aber eine, die uns ganz mit hinein nimmt in die Geschichte des Lichtes. Und ich bin ganz sicher, dass es auch heute Nachmittag Momente gab, in denen Gesichter und auch Herzen sich aufgehellt haben, als die Sternsinger-Kinder vor der Tür standen.

Wir Erwachsenen verkleiden uns ja nicht so gern als Könige, und doch können auch wir auf unsere eigene Weise die Geschichte der drei Könige weiterspielen. Können das Licht, das in uns aufgeleuchtet ist und uns geführt hat, weitergeben. Das kann in einfachen freundlichen Worten oder Gesten geschehen oder auch in ganz praktischer Hilfe und Unterstützung Anderer im Alltag. Es kann in öffentlichen Anstößen oder im politischen Handeln geschehen, aber auch im stillen Gebet für Menschen, denen wir anders im Moment nicht zu helfen wissen. Aber das Licht ist da und es sucht sich seinen Weg, auch in unserem Leben.

Gerade nach Weihnachten haben wir keinen Anlass, uns als Christenmenschen klein zu machen oder zu verstecken. Gott hat einen hellen Schein in unsre Herzen gegeben. Achten wir gut darauf, freuen wir uns darüber und lassen wir dieses Licht seinen Weg in die Welt finden. Es wird überall gebraucht. Amen

Gott hinterher gucken
Predigt über 2. Mose 33, 17b-23 am So 16.1.2011 (2. So. nach Epiphanias)

Liebe Gemeinde,

es ist die uralte Menschheitsfrage, die Mose bewegt: wo ist Gott? Wie kann ich ihn sehen und erkennen? Das ist die Frage der Kinder und zugleich die Frage der Philosophen, das ist die Frage der Esoteriker und auch aller Menschen, die sich von ihrem Schicksal gebeutelt fühlen. Wo ist Gott – wie kann ich ihn erkennen? Und es ist eine Grundfrage wohl auch in unser aller Leben. Vielleicht nicht jeden Tag und nicht in jeder Lebensphase. Und vielleicht sagen wir es auch mit anderen Worten. Suchen den Ursprung, das Ziel oder den Sinn unseres Lebens. Fragen nach der Quelle neuer Kraft, nach dem Grund, der uns trägt oder ganz einfach nach dem ersten Anfang von allem. Aber alles ist wie gebündelt in der einen großen Frage. Und Mose bringt diese Frage als eine direkte Bitte vor Gott: „Lass mich deine Herrlichkeit sehen!"

Darf ich Sie zunächst einmal ganz einfach fragen: haben Sie schon einmal „die Herrlichkeit Gottes" gesehen?

Ich weiß, die Frage ist ungewohnt. Vielleicht werden Sie sofort sagen: aber Gott kann man doch gar nicht sehen. Wir werden also auf diese Frage nicht allzu schnell mit Ja antworten. Aber antworten Sie auch nicht schnell mit „Nein"! Können wir Gottes Herrlichkeit wirklich nicht sehen?

Ich kann mir vorstellen, es gibt manche Momente in unserem Leben, in denen das doch so sein könnte. Naturerlebnisse zum Beispiel. Ich persönlich erinnere mich an eine Wanderung im Deister zu einer Zeit, als ich gerade um einen Menschen getrauert habe. Und genau an diesem Tag gab es über der Weite des Deistervorlandes einen ganz unglaublich schönen leuchtenden Abendhimmel. Diese Schönheit war so tröstend für mich, und ich empfand das wie ein Geschenk. Heute würde ich sagen: ja, das könnte schon so ein Moment gewesen sein. So ein kleiner Ausschnitt „Herrlichkeit Gottes". So ein Himmel. Oder auch das Meer. Oder eine Musik. Die wunderbare Genesung. Eine besondere persönliche Begegnung mit einem Menschen. Natürlich: wir sehen dabei nicht Gott selbst. Nicht direkt. Es ist ein bisschen wie bei Mose. Gott geht an uns vorbei in unserem Leben und wir „können nur hinterher gucken" sozusagen, ihn im Nachhinein möglicherweise auch nur ahnen. Aber irgendwie haben wir ihn doch gesehen, ein Stück von ihm - oder?

In den beiden biblischen Lesungen des heutigen Sonntags wird ein sehr weiter Bogen gespannt, der mit dieser uralten Frage zu tun hat. Wie können wir Gott erkennen? Wie können wir seine Herrlichkeit sehen?

Das war doch der große Wunsch des Mose, seine lebenslange Sehnsucht: einmal Gott sehen, einmal ihm wirklich in eindeutiger Klarheit zu begegnen. Und dann sagt er es ganz einfach und direkt. „Geht das nicht, Gott? Einmal nur, kannst du das nicht möglich machen?" Ja, er weiß, was er da fordert. Wie unerhört das eigentlich ist, rein menschlich betrachtet. Aber er hat offenbar immer wieder erfahren, dass man diesem Gott einfach alles sagen kann. Auch das. Und so bittet er darum ganz direkt: „Lass mich deine Herrlichkeit sehen!"

Was ihm gewährt wird, dieser großen Persönlichkeit biblischen Gottesglaubens, was ihm gewährt wird, ist nur ein kleiner Teil: auch Mose kann nur hinterher gucken. Er würde es sonst gar nicht aushalten. Die direkte Begegnung mit Gott übersteigt menschliches Fassungsvermögen, auch das des großen Mose. „Kein Mensch wird leben, der mich sieht," sagt Gott zu ihm. Das erinnert an die Hitzekraft der Sonne, der man sich nicht nähern, ja, die man nicht einmal mit bloßem Auge anschauen kann. Weil ihre Energie, so lebenswichtig sie ist, zugleich auch vernichtend sein kann.

Immerhin, Mose wird eine Ahnung gegönnt. Geschützt in der Felsenspalte steht er da - und guckt hinterher. Was er sieht, wird nicht berichtet. Wie denn auch. Aber dass noch lange danach ein Glanz auf seinem Gesicht lag, das haben sich die Israeliten noch Jahrhunderte später erzählt, und so ist es ein paar Sätze weiter zu lesen (2. Mose 34, 19-25). „Als nun Mose mit Gott geredet hatte, ...wusste er nicht, dass die Haut seines Angesichts glänzte, weil er mit Gott geredet hatte." Vom Lichtglanz Gottes berührt, obwohl er nur hinterher geguckt hatte. Geheimnisvoll klingt das, und geheimnisvoll muss das gewesen sein für alle, die mit ihm zu tun hatten. „Er sieht so verändert aus." „Er hat so eine ganze eigene Ausstrahlung seitdem." So werden die Leute voller Ehrfurcht gesagt haben. Mit Verwunderung, mit Befremden, vor allem aber mit Ehrfurcht. Etwas bleibt vom Glanz der Begegnung mit Gott, selbst dann, wenn wir nur hinterher geguckt haben, selbst dann, wenn es nur eine Ahnung von ihm war. Anders als äußerer Glanz und Glitter. Mehr ein Leuchten von innen her. Und doch kann man es manchmal auch äußerlich merken, wenn einer mit ihm zu tun hatte. Schon damals war das so.

Auch die Jünger Jesu, mehr als tausend Jahre danach, haben das erfahren. So weit spannt sich der Bogen. „Und wir sahen seine Herrlichkeit," so lesen wir im Evangelium (Joh. 1,14; 2,11). Damals bei der Hochzeit, mitten im vollen Leben, wir haben's vorhin gehört, gar keine religiöse Umgebung offenbar. Sondern bei einem Fest. Zwischen den tanzenden und den trinkenden, den glücklichen und sicher auch weniger glücklichen Leuten in einer Stadt namens Kana. Sie könnte auch Hannover heißen, Oststadt, Dreifaltigkeitsgemeinde, mitten drin eben. Wasser zu Wein verwandelt. Und was für ein Wein, das haut dich um. Du glaubst es nicht. Aber es schmeckt wunderbar, dieses Wunder der Verwandlung. Gott erkennbar, mitten im Leben. „Sie sahen seine Herrlichkeit." Schmeckten sie, freuten sich daran. So erzählt es das Johannes-Evangelium.

Als habe sich die uralte menschliche Sehnsucht erfüllt in diesem einen Menschen Jesus. Das, wonach Menschen schon immer gesucht haben, wonach Mose sich sehnte, und wovon er nur einen kleinen Teil zu sehen bekam. In ihm, in Jesus, ist es sichtbar geworden, erkennbar, gegenwärtig. Gottes Herrlichkeit, ganz nahe in unserer

Welt, ganz gegenwärtig in unserem Leben seit – ja, seit wann eigentlich? Seit der Nacht von Bethlehem, als die Klarheit Gottes bei den Hirten auf dem Feld leuchtete. Der Glanz der Weihnachtszeit – vielleicht ist er auch uns noch nahe.

Ganz ähnlich übrigens erzählt das Lukasevangelium von der Erfüllung dieser Sehnsucht Da gab es einen alten Mann namens Simeon, ein frommer Jude. Der wartete schon viele Jahre auf den Messias, und ihm war versprochen worden, vor seinem Tod würde er etwas ganz Besonderes von Gott zu sehen bekommen. Und dann wartet er. Immerzu sitzt er im Tempel und wartet. Tag für Tag, Jahr für Jahr. Bis eines Tages ein junges Paar in den Tempel kommt, mit einem Baby, ein paar Tage erst alt. Maria und Josef heißen sie, und nach der Tradition bringen sie ihr Kind in den Tempel, um es unter Gottes Segen zu stellen. Dieses Kind sieht der alte Mann und sofort erkennt er: das ist der Moment, auf den er solange gewartet hat. Er ist völlig überwältigt. Und er betet voller Dankbarkeit. „Gott, nun endlich kann ich in Frieden sterben, denn meine Augen haben deinen Heiland gesehen". Gesehen. Erfahren. Die Herrlichkeit, die Gegenwart Gottes mitten im Leben. In Jesus ist sie da.

Was bedeutet das für uns? Die uralte Menschheitsfrage, die wohl jeden Menschen immer wieder bewegt und viele ein Leben lang begleitet oder sogar umtreibt – in Jesus findet sie ihre Antwort. In ihm können wir Gott sehen – ohne sterben zu müssen. „Kein Mensch wird leben, der Gott sieht." So hieß es bei Mose noch. In Jesus aber wird die Nähe zu Gott möglich. In ihm sehen wir seine Herrlichkeit.

Wir haben Weihnachten nun wieder hinter uns. Die meisten sind wieder voll in ihrem Alltag angekommen. Erfüllt von Aufgaben und Anforderungen, Sorgen und Plänen, beschäftigt mit Wichtigem und sicher auch manch Unwichtigem. „Über mir bricht gerade wieder alles zusammen," schreibt mir Freund in einer Email, und ich bin sicher, auch viele von uns heute Abend wissen, was damit gemeint ist. Viele Menschen empfinden das Leben beruflich oder privat oder auch weltweit als unübersichtliches und durchaus bedrohliches Chaos.

Vielleicht aber ist der Glanz, der nach der Begegnung mit Gott bleibt und Spuren hinterlässt, nicht nur eine Sache für den großen Mose. Sondern auch etwas, womit wir heute und in unserem eigenen Leben durchaus rechnen dürfen und rechnen sollten. Es könnte ja sein, dass es in dieser Weihnachtszeit etwas gab, das uns, nein, nicht nur berührt hat, sondern wirklich mit dem zu tun hatte, was die Bibel „Herrlichkeit Gottes" nennt.

Haben Sie die „Herrlichkeit Gottes" gesehen in diesen Tagen? Ich kann mir vorstellen: niemand von uns wird darauf mit einem einfachen „Ja" antworten. Wir werden vorsichtig sein, den Glanz des Christbaums oder der Sterne mit dem gleichzusetzen, was da an Mose vorüber ging oder was in der Person Jesus sichtbar wurde. Aber der Glanz der Weihnachtszeit hat uns doch immer wieder hingewiesen und erinnert, dass mit der Geburt dieses Kindes ein neuer Glanz, dass der Glanz der Gegenwart Gottes auch in unsere Welt kam.

Und wenn uns nun in diesen Tagen eine wirklich unübersehbare Fülle von Nachrichten über Katastrophen und Skandale geradezu überfallen hat, von den Wassermassen in Australien und Brasilien, dem Chaos in Tunesien und dem Dioxin in Lebensmitteln, wenn wir uns vor all dem am liebsten die Ohren zuhalten möchten – dann können wir uns heute wie Mose von Gott sagen lassen: „Siehe, es ist ein Raum bei mir, da will ich dich in die Felskluft stellen und will meine Hand über dich halten..." Mitten in der ungezähmten Gewalt und Betrug und Zerstörung finden wir bei Gott schützenden Raum. Es ist die Felsenkluft des Glaubens und des Gebetes. Es ist der Raum, in dem wir mitten in Chaos und Gefahr vom Glanz seiner Gegenwart umgeben sind. Nachher, wenn wir beten, wollen wir all die Opfer der vielfachen Katastrophen in diesen schützenden Raum mit hineinnehmen, wollen sie, wie ein alter Ausdruck sagt: „vor Gottes Angesicht" bringen. Die Menschen in Australien, Brasilien oder Tunesien. Aber auch all die Anderen. Die Frau in unserer Nähe, die schon solange mit ihrer Krankheit kämpft. Alle, die unserem Herzen besonders nahe sind, aber auch die, mit denen wir selber in Spannung oder Streit leben. Vor Gottes Angesicht bringen, damit der Glanz seiner Gegenwart sie berühren möge. Und auch die Pläne und die Sorgen dieses gerade begonnenen Jahres, die Probleme in unseren Kirchen oder Gemeinden haben in diesem Raum Platz. Mitten im vollen Leben, ein schützender Raum, Gott an sich vorübergehen zu lassen.

Der Glanz der Begegnung mit Gott hinterlässt Spuren. Wie bei Mose – so auch bei uns. Ich denke, wir sollten einfach darauf vertrauen. Und dieser Glanz soll nicht verdeckt oder verschlossen werden, nicht in den Kisten mit der Weihnachtsdeko in Kellern oder Dachböden, auch nicht hinter den Mauern unserer Kirchen. Sondern der Glanz der Gottesgegenwart will mit ins volle Leben, will unter die Leute, zu den glücklichen und zu den weniger glücklichen, zu den streitenden und zu den friedlichen. Als Glanz der Hoffnung, der Versöhnung, der Gelassenheit. Mit in unseren Alltag, dieser Glanz. Ob das geht?

Ich weiß es auch nicht, ganz ehrlich. Aber ich denke, so ist es gemeint. Und so haben sie es erlebt. Mose und die Jünger und der alte Simeon. Und wir? Warum eigentlich nicht auch wir? Amen

Abnehmen – intensive Selbsterfahrung
Predigt über Johannes 3, 28+30 am 13.2.2013 (Aschermittwoch)

Johannes der Täufer sprach: Ich bin nicht der Christus, sondern vor ihm her gesandt. …Er muss wachsen, ich aber muss abnehmen.

Liebe Gemeinde,

es liegt auf der Hand, was diese biblischen Worte mit dem Aschermittwoch zu tun haben: „Ich muss mal wieder ein bisschen abnehmen!" Und wer von uns hätte das nicht auch schon einmal gesagt. Gerade in den Wochen nach Weihnachten, wenn das Festessen und die süßen Leckereien ihre sichtbaren Spuren hinterlassen haben, aber vielleicht auch aus gesundheitlichen Gründen, um die Gelenke zu schonen oder einfach mal so zwischendurch. Abnehmen, Gewicht reduzieren – das ist einer der guten Vorsätze, die viele Menschen immer wieder fassen, und der Aschermittwoch, der Beginn der Fasten- und Passionszeit scheint als Datum genau zu passen. „Sieben Wochen ohne" – das ist ein gutes Motto und ein überschaubarer Zeitraum, um eine konkrete Veränderung im eigenen Leben auszuprobieren und – wenigstens für eine Zeit – auch umzusetzen. Ohne Fleisch, ohne Süßes – was auch immer.

Dabei deuten die Worte Johannes des Täufers an, dass es in solchen Veränderungen eine noch viel weitere und tiefer gehende und vielleicht auch unerwartete Dimension geben kann. Wer einmal eine Diät gemacht hat, wer aufgehört hat zu rauchen, oder wer für eine Zeit auf Süßes oder Alkohol verzichtet, der macht eine ähnliche Erfahrung. Wenn etwas wegfällt, das den eigenen Alltag regelmäßig prägt, dann erfahren wir uns selber neu. Einerseits merken wir, was uns fehlt. Andererseits aber entdecken wir auch, was für Möglichkeiten sich jetzt neu ergeben. Fasten – wie auch immer es im Einzelnen aussieht – Fasten ist immer eine intensive Selbsterfahrung.

„Er muss wachsen – ich aber muss abnehmen." Im Grunde geht es in den Worten Johannes des Täufers, die wir gehört haben, um diese neue Sicht auf das Leben, um diese neue Selbsterfahrung. Auf ganz einfache Weise beschreibt Johannes der Täufer hier seine Beziehung zu Christus. Und es ist eine ganz klare Zuordnung, die er vornimmt. Nicht auf mich kommt es an, sagt er, sondern auf Christus. Ich bin nur vor ihm her gesandt, soll nur auf ihn hinweisen. Nicht ich soll groß und wichtig werden – sondern er, Christus. Nicht ich soll die Alpha-Position in meinem Leben haben, nicht ich soll der sein, an dem sich alles orientiert – sondern Christus.

Nun, vielen von uns mag das zu radikal vorkommen, zu fromm, zu sehr auf Christus bezogen. Wir wollten doch eigentlich nur ein bisschen abnehmen. Wollten eigentlich nur aufhören zu rauchen oder weniger Alkohol trinken oder in anderer Hinsicht gesünder leben. Aber so - so hatten wir uns das eher nicht gedacht. Was bedeutet das also? „Er, Christus, muss wachsen - ich aber muss abnehmen."

Es ist im Grunde ein mystischer Gedanke, mit dem wir hier zu tun bekommen. Ganz ähnlich wie der Apostel Paulus einmal gesagt hat: „Ich lebe, aber nun nicht mehr ich, sondern Christus lebt in mir." (Galater 2, 20) Das ist das Loslassen, das „Sich-selbst-verleugnen", von dem Jesus im Evangelium spricht. Eine andere Wirklichkeit wird darin in unserem Leben erkennbar, ein ganz neuer Weg. „Wer mir nachfolgen will, der verleugne sich selbst und nehme sein Kreuz auf sich und folge mir nach." (Markus 8, 34).

Es geht dabei nicht darum, besondere Leistungen zu vollbringen, auch keine frommen Leistungen. Es geht schon gar nicht darum, sich mit besonderen Aktionen in den Mittelpunkt zu stellen. Im Gegenteil: Ziel und Orientierung allen Fastens finden wir in Christus. Und diese Orientierung an Jesus und seinem Leben bewahrt uns davor, das wie auch immer gestaltete Fasten zu einer Selbstbespiegelung zu machen. Die Orientierung an Christus bewahrt uns davor, doch wieder uns selbst in den Mittelpunkt zu rücken. Fasten im Blick auf Christus bedeutet einfach nur: das Leben frei räumen für seine Gegenwart und für sein Wirken.

Im Blick auf die konkreten Veränderungen, die wir uns vielleicht vornehmen, kann das heißen: dass das Essen und Trinken, dass Fernsehen oder Alkohol oder was es auch sein mag, das dies nun in seiner Wichtigkeit und beherrschenden Funktion zurücktritt. Alles das, was uns sonst im Alltag bestimmt – auch an Sorgen oder Bestrebungen oder Ehrgeiz – all das darf und soll in den Hintergrund treten, kleiner werden, abnehmen eben. „Ich muss abnehmen."

Damit ist aber auch gesagt, dass das Fasten eben nicht nur ein Verzicht ist, sondern gleichzeitig auch ein Gewinn von etwas ganz Neuem. In der Sprache unserer Zeit würde man wohl sagen: es ist ein Zugewinn an Lebensqualität. Viele, die diesen Weg gegangen sind, haben darüber berichtet. Wie ihre Gedanken, wie ihre Gefühle, ja, wie ihre Sinne und ihre ganze Wahrnehmung freier wurden und wie sie sich beschenkt fühlten. Wie die Farben, die Gerüche, die Geräusche intensiver erlebt wurden. Wie Zeit entstand für Gedanken, die sonst immer gleich weggedrängt wurden. Wie Gespräche und Begegnungen möglich wurden. Wie wir uns selber neu kennen gelernt haben.

Der Weg, zu dem wir in der Passions- und Fastenzeit eingeladen sind, ist also durchaus als ein Wachstumsprozess zu verstehen. Was aber in dieser Zeit wachsen kann und wachsen soll, das ist im Sinne des Evangeliums die Christusbeziehung, das ist Christus selbst als Mitte unseres Lebens.

Vielleicht sagen jetzt manche von Ihnen: aber so fromm bin ich nicht, und so fromm will ich vielleicht auch gar nicht werden. Ich glaube, wir dürfen diese Gedanken nicht zu eng verstehen. Wenn es heißt, dass Christus in unserem Leben wachsen soll, dann ist damit eine ganz einfache Vorstellung verbunden. Dann steht im Hintergrund das Bild, dass Christus in uns schon da ist, wie eine Pflanze, die in unserem Garten schon eingesät oder eingepflanzt ist. Aber im Moment kann sie noch nicht recht gesehen und kaum erkannt werden. Aber dann ist damit die Vorstellung verbunden, dass diese Pflanze weiter wachsen und sich weiter entwickeln kann. Damit wir uns daran freuen können. Damit wir daraus Kraft und Hoffnung bekommen. Damit wir dadurch Maßstäbe für unser Tun und Lassen gewinnen. Ja, dass diese Pflanze in uns weiterwächst wie eine gute Saat, die in unserem eigenen Leben und in unsrer Umgebung aufgehen will zu Gottes Ehre und zu unserer Freude.

In diesem Sinne wünsche ich Ihnen und uns allen eine gesegnete Fastenzeit, dass das Abnehmen gelingt und dass Christus in uns wachsen möge. Amen

Dienen hat erlösende Kraft
Zu Markus 10, 42-45 am 6.4.2014 (Judika)

Liebe Gemeinde,
zuerst muss ich Ihnen heute von dem Papierschnippsel erzählen. Der lag nämlich wochenlang, also wirklich wochenlang vor der Tür des Hauses. Viele Menschen gingen täglich in das Haus hinein und viele kamen täglich aus dem Haus heraus. Aber dieser Schnippsel, so groß etwa wie eine Kinderhand, der lag da. Tag für Tag. Alle die reingingen und alle die rausgingen, mussten ihn gesehen haben, jedes Mal. Aber niemand bückte sich. Niemand ließ sich herab, das Papier aufzuheben. Das wollte keiner auf sich nehmen.

Jesus sagt: „Ihr wisst, die als Herrscher gelten, halten ihre Völker nieder, und ihre Mächtigen tun ihnen Gewalt an. Aber so soll es unter euch nicht sein: sondern wer groß sein will unter euch, der soll euer Diener sein; und wer unter euch der Erste sein will, der soll von allen der Knecht sein. Denn auch der Menschensohn ist nicht gekommen, damit er sich dienen lasse, sondern damit er diene / und gebe sein Leben als Erlösung für viele." (Mk 10, 42-45)

„Du Knecht!" dieser Ausdruck ist unter Jugendlichen seit Jahren verbreitet. Eine abwertende und verächtliche Anrede eines Anderen, ein Schimpfwort. „Du Knecht!"

Was heißt das? Ich glaube, die Jugendsprache macht nur deutlich, was in der Allgemeinheit der Gesellschaft gilt. Als Knecht will niemand angesehen sein. Und auch als „Diener" möchte keiner gern gelten. Mit solchen Begriffen verbinden wir die Vorstellung von einem Menschen, der nichts zu sagen und nicht viel zu bestimmen hat. Der immer nur tut, was Andere von ihm fordern. Schwäche also. Und kein großes Ansehen. „Du Knecht!" Klar, dass dann keiner den Papierschnippsel aufhebt. Klar, dass dann keiner den Dreck wegmachen will. Und klar, dass dann die Pflegeberufe schlecht bezahlt werden. Und die Erziehungsberufe. Und die Reinigungsarbeiten. Auf die Frage der Großmutter, was er denn werden wolle, sagt der Fünfjährige voller Überzeugung: „Wenn ich groß bin, werde ich Chef." Und wenn dann alle lachen, verzeihen Sie, dann zeigt es doch: das wären wir alle gern. Aber was wird eigentlich aus einer Gesellschaft, in der niemand mehr dienen will?

Ich möchte Sie heute zu einem kleinen Experiment einladen. Nehmen Sie doch einmal diese Worte Jesu, die wir eben gehört haben, für eine Woche oder zwei Wochen mit in ihren Alltag. Lesen Sie sie einfach ab und zu, vielleicht jeden Morgen und jeden Abend, oder schreiben Sie diese Worte auf einen Zettel, so dass Sie sie immer wieder zur Hand nehmen können. Und wenn Sie mögen, schreiben Sie auf, welche Erfahrungen Sie damit gemacht haben. - Was das bringen soll?

Nun ich glaube, dass viele der Worte Jesu aus dem Neuen Testament wie eine Sehhilfe für unser Leben sind. Ja, wie eine Brille, durch die wir unsere Welt und auch uns selber genauer erkennen und besser verstehen können. Und gerade **diese** Worte gehören in besonderer Weise dazu. Denn sie zeigen uns zwei grundsätzlich verschiedene und einander entgegengesetzte Lebensrichtungen. Herrschen und Dienen.

Und zwar gibt es diese beiden Lebensrichtungen zum einen in der Welt um uns herum. Wir können sie in unserem nächsten Umkreis beobachten, aber auch weltweit. Ganz deutlich sehen wir das, wenn wir an die Konflikte um die Krim denken, an Putin oder Obama, oder auch an Herrn Assad in Syrien oder Erdogan in der Türkei. „Ihr wisst, die als Herrscher gelten, halten ihre Völker nieder und ihre Mächtigen tun ihnen Gewalt an…". Ja, so ist das in vielen Ländern der Erde. So war es früher und so ist es bis heute. Aber, liebe Gemeinde, wir wissen auch: das beginnt schon im kleinsten Umkreis: in der Familie und im Kindergarten etwa. „Wer ist der Bestimmer?" fragen Kinder schon mit drei oder vier Jahren. Und das geht weiter in der Schule, in Freundescliquen und im Beruf, ja, sogar noch im Altenpflegeheim ist es oft dasselbe. Immer sind die einen die Bestimmer und die Anderen das Fußvolk.

Zum Anderen aber gibt es diese zwei unterschiedlichen Lebensrichtungen ganz genauso auch in uns selber. Ja, wir selber müssen uns immer wieder neu entscheiden, in welcher Richtung wir leben wollen. Das eine ist die Lebensrichtung der Macht und des Herrschens. Es ist das Bestreben an die Spitze zu kommen, die besten Plätze zu erreichen. Die andere Richtung aber ist die des Dienens. Des Aufeinanderachtens, der gegenseitigen Unterstützung, des Füreinanderdaseins. In dieser Lebensrichtung schauen Menschen nach links und nach rechts und manchmal sogar nach unten. Und da ist es sogar denkbar, sich zu bücken.

Ich bin überzeugt, wir stehen immer wieder auch selber vor so einer Entscheidung. Beruflich, aber auch privat stellt sich uns immer wieder die Frage: Versuchen wir mit allen Mitteln, unser persönliches Interesse durchzusetzen - oder achten wir auf das Wohl des Ganzen? Wollen wir mit aller Macht „Bestimmer" sein – oder sind wir bereit, unsere Kraft für die Gemeinschaft einzusetzen? Sind wir bereit zu dienen?

Was wird eigentlich aus einer Welt, in der keiner mehr dienen will? Ganz einfach gesagt: da bleibt der Müll liegen. Da werden die Alten und Kranken vernachlässigt und können sehen, wo sie bleiben. Da sind Kinder nur eine Last, die irgendwie bewältigt werden muss.

Aber die Frage, wie wir uns zwischen diesen beiden Lebensrichtungen entscheiden, ist keinesfalls nur eine moralische Frage. Das ist nicht nur eine Frage unserer Anständigkeit und es ist nicht nur eine Frage unserer sozialen Kompetenz. Die Frage, wie wir uns zwischen diesen Grundmustern entscheiden, ist eine Frage des Überlebens. Das müssen wir uns ganz klar machen. Und wenn wir die Worte Jesu genau lesen und hören, dann ist das darin schon zu erkennen. Denn wie wir uns auch entscheiden, das hat Folgen. Jesus benennt das klar und deutlich: die Lebensrichtung des Herrschens hat Gewalt und Unterdrückung zur Folge. Gewalt erzeugt Gegengewalt. Das ist ein lebensfeindlicher Kreislauf. Ein Kind, das in einem Klima von Angst und Gewalt aufwächst, wird mit hoher Wahrscheinlichkeit selber gewalttätig werden. In einem Land, das von einer Diktatur beherrscht wird, können sich die verschiedenen Menschen nicht entwickeln, wie es ihnen entsprechen würde. Die Lebensrichtung des Herrschens führt in den Tod.

Und die andere, die Lebensrichtung des Dienens? Wohin führt die? Jesus sagt auch das klar und deutlich: Dienen hat mit Erlösung zu tun. Das führt zu **Lösungen**. Ich weiß, das ist steil formuliert. Und vielleicht fragen Sie sich, was das mit Erlösung zu tun hat, wenn Sie sich bücken und den Schnippsel aufheben. Immerhin sieht es dann vor dem Haus schöner aus. Aber lassen Sie mich ein anderes Beispiel sagen. Vor einigen Wochen habe ich hier im Gottesdienst gefragt, wer eine sehbehinderte ältere Dame ab und zu zum Arzt oder zum Einkaufen begleiten kann. Und tatsächlich hat sich eine Frau gemeldet. Und nun sind die beiden ab und zu miteinander unterwegs. Die ältere Dame ist sehr glücklich und dankbar. Und ich habe den Eindruck: die andere auch. Die Bereitschaft zum Dienen hat etwas gelöst. Das war *die „Lösung"* für ein Problem. Oder ganz ähnlich hat ein Mann aus der Gemeinde für eine behinderte ältere Frau die Küche umgebaut, so dass sie viel besser an die Schränke herankommt. Einfach so hat er das gemacht. Ohne Geld. Die Frau hat sich mächtig darüber gefreut. Als der Mann gefragt wurde, warum machst du das – da hat er gesagt: guck mal, für mich sind das nur ein paar Stunden Arbeit – aber für die Frau ist das viele Jahre eine Freude. *Dienen ist eine Lösung.* Man müsste es ausprobieren. „Denn auch der Menschensohn", sagt Jesus von sich selber, „ist nicht gekommen um zu herrschen und sich bedienen zu lassen, sondern um zu dienen. Und um sein Leben zur Erlösung zu geben für viele."

Sein Leben hat er gegeben. Um unsere Probleme zu lösen. Um uns zu erlösen. Von dem, was uns festhält, was als Last auf uns liegt, was als Müll vor dem Haus unseres Lebens liegt, wer weiß wie lange schon. Er hat sich gebückt. Er bückt sich für uns.

Einmal hat er seinen Jüngern die Füße gewaschen. Jetzt auf der Konfirmandenfreizeit haben das einige Jugendliche als Theaterszene gespielt, ohne Wasser, versteht sich. Aber schon die Geste ist so ungewöhnlich. „Du wäschst uns die Füße?" haben die Jünger gefragt. Ja, dienen macht nachdenklich. Der Kreislauf von Macht und Unterdrückung hört auf. Wird zerbrochen, wird aufgelöst. Dienen hat erlösende Kraft.

Und dann hat er sich bezeichnet als ein Weizenkorn. Das muss in die Erde fallen, um Frucht zu bringen. Das ist sein Sinn. Was soll ein Korn denn auch, das für sich bleibt, irgendwo rum liegt, hart und allein. Was soll ein Korn denn auch, das nicht aufbricht und keimt, das nicht den Weg ins Leben findet? Jesus war so ein Korn. Sein Leben gegeben für viele. Dienen. Und wir? Wann erfüllt sich der Sinn in unserem Leben? Herrschen oder Dienen? In meiner früheren Gemeinde gab es eine Frau, die sich in vieler Hinsicht für andere Menschen eingesetzt hat. Sie war Trainerin im Handballverein, sportlich, attraktiv und selbstbewusst. Für die Kinder und Jugendlichen war sie viel mehr als nur eine Trainerin. Vielen hat sie zugehört, manchen hat Rat gegeben, einigen hat sie auch mal richtig die Meinung gesagt, „den habe ich mal richtig konfirmiert," sagte sie dann. In der Gemeinde war sie auch im Besuchsdienst für die älteren Leute tätig. Für viele Menschen war sie eine wichtige Vertrauensperson, für manche wirklich ein Engel. Viel zu früh, schon mit 51 Jahren ist diese Frau gestorben. Bei der Beerdigung waren viele Jugendliche und viele ältere Leute dabei, und die Trauer war mit Händen zu greifen. Aber ich glaube wir alle hatten das Gefühl, dass diese Frau dem Sinn ihres Lebens ziemlich nahegekommen war. In einem unserer letzten Gespräche hatte sie mit ihr Lebensmotto verraten. Sie hatte es irgendwo einmal gehört und nie wieder vergessen. Es heißt so:

„Das will ich mir schreiben in Herz und Sinn,
dass ich nicht für mich selbst auf der Erde bin.
Dass ich die Liebe, von der ich lebe,
dienend an Andere weitergebe." (Wilhelm Löhe)
Man müsste es ausprobieren, diese Lebensrichtung. Es wäre ein Experiment. Aber es könnte erlösend sein. Amen

Die Religion der Fraternisierung
Predigt über Hebräer 2, 11-12+17 am 17.4.2014 (Gründonnerstag)

….darum schämt er sich nicht, sie Brüder zu nennen.

Liebe Gemeinde, das war einer der schlimmsten Vorwürfe: Fraternisierung. Verbrüderung. Vor allem in Zeiten von Krieg und Besatzung. Wenn die Soldaten von der einen Seite mit denen von der anderen Seite freundlichen Kontakt aufnahmen, vielleicht sogar gemeinsame Sache machten. Oder wenn die Soldaten der Besatzungsmacht mit den Frauen des besetzten Landes Beziehungen anfingen. Es gab regelrechte „Fraternisierungsverbote". Aber auch in Friedenszeiten wird „Fraternisierung" mit Argwohn betrachtet. Wenn Vorgesetzte sich ungewöhnlich weit auf persönliche Kontakte mit Mitarbeitenden einlassen. Wenn Lehrerinnen oder Lehrer sich von ihren Schülern duzen lassen. Fraternisierung. Verbrüderung.

Jesus schämte sich nicht, die Jünger seine Brüder zu nennen. So war er. Als Christen müssen wir also eingestehen: der Vorwurf der Fraternisierung trifft uns zu Recht. Da gibt es kein Vertun. Ja, mehr noch: das Christentum kann als die Religion der Fraternisierung bezeichnet werden, als Religion der Verbrüderung, oder sagen wir lieber: der Vergeschwisterung. Und das beginnt mit Jesus selbst, das hat bei ihm seinen Ursprung. Vielleicht am deutlichsten in dieser Nacht. Er, der Meister, schämt sich nicht, seine Schüler Brüder zu nennen.

Die verschiedenen Ereignisse des Abends vor seinem Tod, der Nacht, in der er verraten wurde, die verschiedenen Ereignisse des Gründonnerstags also, zeigen das auf jeweils eigene Weise. Darum möchte ich Sie einladen, diese verschiedenen Ereignisse heute mit mir zu bedenken.

Das erste: die Einsetzung des Abendmahls. „Unser Herr Jesus Christus, in der Nacht, in der er verraten wurde…". Ja, diese Nacht war es. Alle, die mit ihm an einem Tisch sitzen, essen von dem einen Brot und trinken aus dem einen Kelch. Nicht nur ein paar, die sich besonders gut kannten: Nicht nur der Jünger Johannes, der Jesus offenbar besonders nahestand. Auch Petrus saß dabei, der schon wenige Stunden später feige geleugnet hat, Jesus überhaupt zu kennen. Er aß von demselben Brot. Ja, und sogar der Verräter selber, Judas, sogar er trank aus demselben Kelch. Alle an einem Tisch, eine Gemeinschaft von sehr Verschiedenen, aber alle von Gott gerufen und alle von Gott geliebt. „Das tut zum Gedächtnis an mich", sagte er, die Gemeinschaft dieses Mahles sollt ihr im Sinn und im Herzen behalten, so verschieden ihr auch seid und wann immer ihr an mich denkt. Schwestern und Brüder seid ihr. Kinder des einen himmlischen Vaters: Frauen und Männer, Kinder und Alte, Arme und Reiche, Behinderte und Nichtbehinderte, Fromme und Zweifelnde. Fraternisierung – ja, es ist das große Mahl der Verbrüderung, Vergeschwisterung, genau das ist gemeint.

Und dann das zweite Ereignis: die Szene im Garten Gethsemane. Nach dem Essen gehen sie spazieren. Jesus, dem eigenen Sterben entgegen sehend, ist bedrückt. Er will beten, sucht die Nähe und den Beistand Gottes, sucht aber auch die Nähe seiner Jüngerinnen und Jünger. Er bittet sie um Unterstützung: „ich muss beten, aber bitte, bleibt hier, wachet mit mir, steht mir bei, während ich bete." So soll es sein in der Gemeinschaft der Verschiedenen, die an diesem Tisch Jesu zusammenkommen: dass wir füreinander wach und aufmerksam sind. Dass wir hinsehen und spüren, was mit den Anderen ist, dass wir merken, was getan werden kann. Und dass wir, auch wenn wir vielleicht nichts mehr tun können für einen Kranken oder Verzweifelten oder Sterbenden, dass wir doch immer noch für ihn oder mit ihm beten können, sei es mit unseren unvollkommenen Worten oder auch nur in der Stille unseres Herzens. Aber dass wir nicht schläfrig werden in unserem Miteinander, bleibt hier und wachet mit mir! Fraternisierung, auch das.

Und dann das dritte Ereignis, nur im Johannesevangelium ist es überliefert: die Fußwaschung. Er, Jesus, schämt sich nicht, die Jünger seine Brüder zu nennen. Mehr noch: er scheut sich nicht, ihnen die staubigen, verschwitzten, wahrscheinlich ziemlich penetrant riechenden Füße zu waschen. Wie der geringste unter allen Knechten. Jesus was tust du? Was lässt Du mit Dir machen? Das kann doch nicht dein Ernst sein, Rabbi! Sie selber fragen ihn. Du doch nicht, sagt einer. Umgekehrt müsste es sein, wir müssten dir…. Aber er besteht darauf, macht sich zum Knecht. Fraternisierung, nein, noch viel mehr als das.

Der Glaube, der mit diesem Jesus von Nazareth begann, ist die große Bewegung der Fraternisierung. Das Ende der Hierarchien. Der Umsturz der Verhältnisse, von Grund auf revolutionär. „Alle Menschen werden Brüder" - werden Geschwister – hier ist es zum ersten Mal wahr.

Man kann das nun von verschiedenen Seiten kritisieren. Die einen sagen: das geht zu weit. Christentum ist doch kein Sozialismus. So sei es nun doch wieder nicht gemeint. Und die Ehrfurcht vor der Obrigkeit sei schließlich auch ein christlicher Grundsatz. Aber allein die Begriffe von oben und unten passen nicht zum Geist Jesu, jedenfalls nicht so. Er selber, soviel ist deutlich, er selber war unten, nicht nur an diesem Abend, als er ihnen die staubigen Füße wusch, sondern erst recht in den Tagen danach, ganz unten, als er starb, von Gott und von Menschen verlassen, herunter gefahren zur Hölle, wie es im Glaubensbekenntnis heißt.

Und die Anderen sagen: schön und gut, aber diese Geschwisterlichkeit haben die Anhänger Jesu nie wirklich umgesetzt. Die Kirche ist doch allzu schnell ein Machtapparat geworden. Kaiser Konstantin, die Einführung des Christentums als Staatsreligion, die ganze weltlich-kirchliche Machtstruktur im Mittelalters, die Inquisition, der dreißigjährige Krieg, soviel Missbrauch kirchlicher Macht bis in unsere Zeit. - Und Hand aufs Herz: ist es heute wirklich so ganz anders? Wie steht es mit der Gemeinschaft von Schwestern und Brüdern, zwischen den verschiedenen Konfessionen, zwischen unterschiedlichen kirchlichen Richtungen, ja, zwischen den verschiedenen Menschen sogar in einer Gemeinde?

Einfach ist das nicht. Und einfach geht das auch nicht mit der Gemeinschaft der Verschiedenen und mit der Vergeschwisterung. Barmherzig werden miteinander, das müssen wir immer neu lernen, und vielleicht ist es ein lebenslanger Prozess. Um so wichtiger aber ist die Erinnerung an die Ereignisse des Gründonnerstags. Dass wir im gemeinsamen Mahl erfahren: so verschieden wir auch sind, wir sind von demselben Gott gerufen und eingeladen, wie wir sind. Und wir erfahren von demselben Gott Stärkung, der eine wie die Andere. Dass wir Not und in Krisen füreinander wachbleiben. Dass wir Verantwortung übernehmen auch füreinander, wenn es nötig ist, in unseren Taten und Worten, Gebeten und Gedanken. Dass wir beieinander bleiben und wachen und beten. Und dass wir auch bereit sind, in den alltäglichen, in den geringsten Dingen füreinander da zu sein, bereit, uns, wo nötig, für die Anderen die Hände schmutzig zu machen, weil wir zusammengehören, weil wir Geschwister sind.

Die Botschaft des Gründonnerstags lädt uns in diese große Bewegung ein. Alle Menschen sind Geschwister, weil sie Kinder des einen Gottes sind. Das hat Jesus gewollt und gemeint: Dass wir nach unten hin Respekt lernen, Achtung und Wertschätzung gegenüber allen Schwächeren. Dass wir die Barrieren abbauen, damit alle Menschen Platz an diesem Tisch finden und in dieser Gemeinschaft. Dass wir uns aber nach oben hin nicht einschüchtern lassen, sondern überall da, wo

Menschen sich Macht anmaßen, den Respekt abbauen, dass wir Mut und Freiheit lernen.

Ein Christenmensch ist ein freier Herr aller Dinge und niemandem untertan. So hat Martin Luther es gesagt - um freilich im gleichen Atemzug hinzuzufügen: Ein Christenmensch ist ein dienstbarer Knecht aller Dinge und jedermann untertan. Wie das zusammengeht, fragen Sie? Weil es eine Gemeinschaft ist, die nicht wir selbst machen, sondern die wächst, wenn Gott nahe ist. Und wenn sie wächst, ist sie Gott nahe. Amen

Der Freund, der den Kopf hinhält
Predigt über Jesaja 53, 4-5 am 18.4.2014 (Karfreitag)

Liebe Gemeinde,
er hatte die Wunde noch vor Augen. Sein Freund René hatte furchtbar am Oberarm geblutet, und er, Jan, war um sein Leben gelaufen. Er war gerade noch einmal davon gekommen. Eigentlich hatten sie ihn gemeint, die drei Typen. Ziemlich besoffen waren die schon, als sie unten am Kanal auf ihn zukamen. „Cooles Teil " hatte einer von ihnen gelallt und auf seine neue Lederjacke gezeigt, „schenkst du mir die?" Er hatte gemein gelacht und dann waren sie schon an ihm dran und wollten ihm die Jacke abziehen. Da war sein Freund René dazwischen gegangen, er war sowieso stärker und mutiger. Er hatte sie angebrüllt, dem einen hatte er richtig eine verpasst und die Anderen von ihm abgelenkt. Aber dann war da dieses Messer, und einer stach tatsächlich zu. Jan war nur noch gelaufen, nur weg, hatte nur noch schnell Polizei und Rettungswagen verständigt. Aber die Wunde seines Freundes sah er Tage später noch immer vor sich, groß und blutend. Als er René anrief um sich zu bedanken, zu fragen, wie's dem Freund geht, weinte die Mutter am Telefon und sagte: „Er kann noch nicht wieder sprechen, aber er kommt durch, er hat Glück gehabt, sagen die Ärzte, drei Zentimeter an der Schlagader vorbei, es wird wohl lange Folgen haben.

Fürwahr, er lud auf sich unsere Schmerzen, und durch seine Wunden sind wir geheilt. Durch seine Wunden – geheilt. Da hat einer seinen Freund beschützt. Hat für ihn den Kopf hingehalten, für ihn das Leben riskiert und hat ihn, man kann sagen: gerettet. Vor ein paar Monaten ist das so ähnlich passiert, hier in Hannover, ganz in unserer Nähe. Und es passiert wohl immer wieder, dass Menschen sich für Andere aufs Spiel setzen, den Kopf hinhalten, das Leben riskieren.

Wir leben in einer Zeit, in der eigentlich niemand Opfer sein will. Und in der auch niemand den Anderen Opfer zumuten will. „Nein, ich möchte keine Last für euch sein", sagt die alt gewordene Mutter zu ihren Kindern." Und doch gibt es einige, die halten den Kopf hin. Halten das eigene Leben hin. Für einen pflegebedürftigen Angehörigen, für sozial Benachteiligte, für den Betrieb oder einfach für gute Freunde. Die Wochenzeitung DIE ZEIT berichtet in ihrer neuesten Ausgabe von beeindruckenden Beispielen dafür. Wie Menschen sich aufopfern für Andere. Ich vermute, wir alle könnten von Erinnerungen erzählen.

Es sind zwei Fragen, die mich in diesem Zusammenhang bewegen und die ich heute an Sie weitergeben möchte. Die erste Frage wird in dem Zeitungsartikel selbst gestellt. Sie lautet: Lohnt es sich, Opfer zu bringen? Hat es für uns selber einen Sinn, wenn wir das tun?

Es geht nicht ohne Opfer, ist die eine Antwort, die dann gegeben wird. Erst dadurch, dass Menschen bereit sind, sich selber so für etwas einzusetzen, erst dadurch wird eine gute Zukunft möglich. Und die andere Antwort heißt: ja, es lohnt sich, Opfer zu bringen, weil diejenigen, die das tun, dadurch Sinn erfahren und weil sie ein Ziel haben, das wichtiger ist als sie selbst. Weil sie darin erfahren: Ich bin nicht für mich allein auf der Welt, ich bin für etwas da. Ich bin zu etwas gut. Mein begrenztes Leben hier auf dieser Erde hat einen Platz, hat einen Stellenwert, hat eine Bedeutung in einem größeren Zusammenhang, es hinterlässt Spuren.

Der Prophet Jesaja erzählt von einem sogenannten Gottesknecht, der die Krankheit und Last der Vielen trägt; von einem Knecht Gottes, durch dessen Wunden die Vielen geheilt werden. Und von diesem Gottesknecht heißt es dann: „Wenn er sein Leben zum Opfer gegeben hat, wird er Nachkommen haben und wird in die Länge leben, und des Herrn Plan wird durch seine Hand gelingen." Also: von so einem Menschen bleibt etwas, auch wenn er stirbt. Da bleiben Spuren, unauslöschliche Erinnerungen, Impulse und Anregungen, ein Trost vielleicht sogar, von dem man sich immer wieder erzählen wird. Und auch viel später wird man von so einem Menschen sagen: Wie gut, dass der da war. Wie gut, dass er sein Leben eingesetzt hat. Er war und er ist ein Teil des großen, des göttlichen Plans. Des Herrn Plan wird durch seine Hand gelingen.

Ja, es wäre gut, wenn wir das lernen und wenn das auch nachfolgende Generationen verstehen würden. Ja, mehr noch, wenn sie es mit dem Herzen begreifen, dass die Menschheit nur eine Zukunft hat, wenn es solche Leute gibt, die bereit sind, sich ganz einzusetzen für etwas, das wichtiger ist als sie selbst. „Wichtiger als ich" – das ist denn auch die Überschrift dieses Zeitungsartikels.

Doch mich bewegt nicht nur die Frage, ob es sich lohnt, Opfer zu bringen. Das ist ja sozusagen die Frage dessen, der selbst zum Opfer wird. Am Karfreitag aber kommen wir selber ja viel mehr auf der anderen Seite zu stehen, nämlich auf der Seite derer, für die da ein Opfer gebracht wird. Wenn es von Jesus heißt, dass er für uns gestorben ist, dann ist ja die Kernfrage: ist dieses Opfer auch für uns wirksam? Und: wie können wir die Wirkung dieses Opfers verstehen und erfahren?

Der Gottesknecht, der die Krankheit, die Last und die Schuld der Vielen getragen hat – es ist nicht ganz klar, wer in der Zeit des Jesajabuchs damit gemeint war, ungefähr 600 vor Christus. Aber es ist gut zu verstehen, dass die christliche Theologie alle diese Aussagen sehr unmittelbar auf Jesus bezogen hat. „Er trug unsere Krankheit, lud auf sich unsere Schmerzen, die Strafe liegt ihm, auf dass wir Frieden hätten, und durch seine Wunden sind wir geheilt." Wie kann das sein, dass wir durch seine Wunden geheilt, geschützt, gerettet werden? Ist das nur eine fromme Redewendung, ein kirchlicher Lehrsatz – oder ist darin wirklich eine Wahrheit und eine erfahrbare Wirkung auch für uns und für die Last unseres Lebens? Kann denn wirklich jemand unsere Krankheit für uns tragen und unsere Schmerzen und unsere Schuld auf sich nehmen? Wie soll man sich das vorstellen?

„Was ich durchmache, kann mir niemand abnehmen." Schon mehrfach haben mir das Menschen gesagt. Solche, die unter unerträglichen Schmerzen leiden oder an einer unheilbaren Krankheit. Oder Menschen die trauern, in unsagbarem Schmerz versinken, die Mutter einer 20jährigen, die auf der Autobahn starb. Keiner, der es nicht selbst erlebt hat, kann das verstehen in dem ganzen Ausmaß der Trauer. Kann das jemand anders tragen? Oder der Mann, der ein Kind überfahren hat, und der mit seinen Schuldgefühlen nicht fertig wird. „Das kann mir keiner abnehmen" sagt er, und ich verstehe ihn.

Die Wirksamkeit eines Opfers für Andere ist niemals nur ein Mechanismus. Sie lässt sich nicht mit technischen Hilfsmitteln messen und auch nicht mit logischen Argumenten beschreiben. Aber wenn wir uns einmal in die Situation eines schwer Kranken oder tief Trauernden oder eines schuldbeladenen Menschen hineinversetzen, dann können wir vielleicht erspüren, worin die Wirksamkeit eines solchen Mittragens einzig bestehen kann. Es ist die Kraft der Liebe, die sich in solchen Momenten von einem Menschen auf den anderen überträgt. Ich denke, das haben wir alle schon einmal erlebt. Die Kraft dieser Liebe kann stärker sein als der Schmerz.

Diese Kraft kann helfen, auszuhalten, zu akzeptieren und zu überwinden. Die Kraft dieser Liebe kann – wie ein Gegengewicht – die Last leichter machen.

Ohne die Liebe aber, so sagt der Apostel Paulus in seinem berühmten Kapitel (1 Korinther 13), ohne die Liebe ist alles nichts. Es kann großartige Taten geben, die wir als Opfer bezeichnen, aber vielleicht ist in ihnen keine Liebe, keine Beziehung. Paulus schreibt: „Und wenn ich alle meine Habe den Armen gäbe und ließe sogar meinen Leib für sie brennen, aber hätte die Liebe nicht, so wäre´s nichts nütze."

Anders gesagt: die Kraft und Wirksamkeit eines Opfers, was es auch sein möge, ist die Liebe. Der alte Mann, der seine demente Frau jahrelang jeden Tag im Pflegeheim besucht, tut es aus Liebe. Und das ist das heilende, das wohltuende, das Rettende.

Darum heißt der Karfreitag im Englischen „Good Friday" - Guter Freitag. Denn genauso ist es mit dem Opfertod Jesu für uns. Es gibt da keinen Mechanismus, den wir verstehen könnten, keine noch so kluge theologische Logik, die es uns hinreichend erklären könnte - wenn wir nicht mit unserem Herzen erkennen, dass es Liebe ist, die uns da begegnet, Liebe auch zu uns. Die Liebe eines Gottes, der uns sieht und mit uns fühlt, was immer im Moment oder überhaupt unsere persönliche Lebenslast ist. Und der uns zur Seite ist, was auch geschieht, im Leben und auch im Sterben. Darum ist dieser Tag ein guter Tag, „Good Friday". Darum haben die Wunden des Gekreuzigten heilende Kraft – weil uns darin diese grenzenlose und unbegreifliche Liebe begegnet. „So sehr hat Gott die Welt geliebt, dass er seinen eigenen Sohn gab, damit alle, die an ihn glauben, nicht verloren werden, sondern das ewige Leben haben." So sagt es das Johannesevangelium (3,16). Es gab etwas, das ihm, das Gott wichtiger war als er selbst. Das sind wir. – Good Friday!

Ein paar Wochen später übrigens hat Jan dann seinen Freund René zum ersten Mal wieder besucht. Er hatte sich in der Zwischenzeit oft Vorwürfe gemacht und es ist ihm sicher nicht leicht gefallen, dort hin zugehen. „Es tut mir so leid", sagte er zu ihm, „dass du das alles für mich durchmachen musstest." René sah ihn an, dann lachte er. „Vergiss es," sagte er. „Das hättest du bestimmt genauso gemacht. Wir sind doch Freunde." Einen Moment lang sagte keiner was. Und Jan spürte: der meint was er sagt. Ich bin ihm wirklich wichtig. Amen

Die Verwandlung
Predigt über Johannes 20,11-18 am 31.3. 2013 (Ostersonntag)

Liebe Gemeinde,

es gibt Begegnungen mit Menschen, die verändern einen für das ganze Leben. Danach ist nichts mehr, wie es vorher gewesen ist. Das beste Beispiel dafür ist wohl, wenn man sich Hals über Kopf so richtig verliebt. Man lernt jemand kennen, der Funke springt über - und man ist ein ganz anderer Mensch. Oder wenn ein Kind geboren wird. Ein liebenswertes kleines Wesen mit einem ganz eigenen Charakter. Man sieht die Welt mit ganz anderen Augen. Es kann aber auch eine Begegnung mit einer besonders beeindruckenden Persönlichkeit sein. Vielleicht ein einzigartiger Lehrer, eine Künstlerin, ein Sänger oder ein Mönch vielleicht, oder ein Mensch, der ein besonderes Schicksal auf besondere Weise meistert. Es gibt Begegnungen, die werden wir ein Leben lang nicht vergessen.

Von einer solchen lebensverändernden Begegnung haben wir eben im Evangelium gehört. Wie eine Frau namens Maria aus der Stadt Magdala dem auferstandenen Jesus begegnet.

Wer war diese Maria? Sie gehörte zum Kreis der Jünger, so berichten die Evangelien an verschiedenen Stellen, und sie war wohl schon einige Zeit mit Jesus unterwegs gewesen. Manche vermuten, dass Jesus sie von einer schlimmen Krankheit geheilt hatte, oben in ihrer Heimat in Magdala am See Genezareth, und dass sie dann mit ihm mitgegangen war. Andere vermuten, dass sie die Prostituierte gewesen sein könnte, die Jesus vor der Steinigung bewahrt hatte. Man weiß es nicht genau. Auf jeden Fall hatte sie eine ganz besondere Geschichte mit Jesus. Und sie war auch die erste, die am leeren Grab war. Petrus und die anderen Jünger kamen erst viel später, nachdem Maria von Magdala ihnen Bescheid gesagt hatte. Ja, eine Frau war die erste Zeugin der Auferstehung. Eine Frau - das muss man immer wieder betonen.

Und was ist da nun genau passiert? **Als erstes: Die Traurigkeit hat sich in Freude verwandelt.** Mit Marias Tränen beginnt diese Geschichte. Maria stand am Grab und weinte. Viele von uns wissen, wie das ist. An einem Grab zu stehen und in Erinnerungen und Trauer zu versinken. Es ist gut, sich dafür Zeit zu nehmen. Und manchmal braucht es viel Zeit zum trauern. Aber Maria erlebt an diesem Morgen etwas ganz und gar wunderbares und geheimnisvolles. Erst sieht sie zwei Engel im Grab. Freundlich reden die mit ihr. „Warum weinst Du?" fragen sie. Sie gehen auf sie ein. Dann dreht Maria sich um und sieht jemanden hinter ihr stehen. Sie erkennt ihn nicht, sie denkt, es ist der Gärtner. Aber dann spricht Jesus sie an mit ihrem

Namen. „Maria!" In diesem Moment erkennt sie ihn. Sie kann es gar nicht glauben. Sie will ihm um den Hals fallen, ihn anfassen. Freude, unbändige Freude. „Kneif mich, ich glaub's nicht! Sag mir, dass das kein Traum ist." Ostern verwandelt sich die Trauer in Freude. *Wie* das geschieht, das ist ein Geheimnis, das ist ein Wunder. Aber es geschieht. Wie die Kinder vorhin gesungen haben: „…so passiert's auch heut noch hier und da". Vielleicht haben Sie das ansatzweise auch schon einmal erlebt. Diese Osterfreude. Zum Beispiel, wenn in der Osternacht das Licht weitergegeben wird. Oder wenn nach kalten Wintertagen doch die Sonne durchkommt. Wir spielen übrigens dieses Geheimnis, wenn wir Ostereier verstecken und suchen. Und uns freuen, wenn wir eins finden. Nicht nur die Kinder, auch die Erwachsenen freuen sich. Traurigkeit wird zu Freude. Das ist Ostern.

Was ist das da passiert? Ein zweiter Gedanke. **Was eben noch still stand, kommt in Bewegung.** Maria stand am Grab und weinte. Sie *stand.* Das ist der Anfang. Keine Bewegung, sondern ein gebanntes Ins-Grab-Schauen. Als wäre sie ganz in der Vergangenheit. Am Ende aber heißt es von Maria: sie *geht hin* und verkündigt, was sie gesehen hat. Er lebt, Jesus ist nicht tot. .Er selbst hatte es ihr gesagt: Bleib nicht stehen. Geh hin zu den Anderen und erzähl es ihnen. Ich glaube, das ist etwas sehr wichtiges an Ostern: der Stillstand hat ein Ende – in die Sache kommt Bewegung.

Wir kennen das aus manchen Bereichen unseres Lebens. Dass Entwicklungen nicht weitergehen. Dass alles beim Alten bleibt, neue Einsichten nicht aufgenommen werden, neue Möglichkeiten nicht ausgeschöpft werden. Früher war alles besser, heißt es dann oft. Das haben wir immer schon so gemacht. – Ostern aber ist anders. Ostern bringt Leben ins Spiel. Ostern richtet unseren Blick nach vorn, bringt uns in Bewegung. Bleib nicht stehen. Geh zu den Anderen, erzähl ihnen davon, lern auch von ihnen! Ostern hat mit positiver Veränderung zu tun.

Es könnte sein, liebe Gemeinde, - ich bin noch nicht sicher, aber es könnte sein -, dass wir in unserer römisch-katholischen Schwesterkirche gerade eine Art Osterwunder erleben. Der neue Papst Franziskus hat schon nach wenigen Tagen vieles in Bewegung gebracht. Die Kirche muss arm sein, eine Kirche für die Armen, hat er gesagt. Und die Priester, dazu hat er am Gründonnerstag aufgerufen müssen bei den Menschen im Alltag sein. Müssen Hirten werden, die sich unter die Schafe mischen. Wissen Sie, was er gesagt hat: die sollen „Stallgeruch" annehmen, in Kontakt sein. Sonst seien sie „traurige Figuren". Der Grund für die Krise in den kirchlichen Institutionen ist die Selbstbezogenheit der Kirche.

Maria stand am Grab und weinte, und sie bückte sich in das Grab hinein. Man muss einmal in Gedanken in diese Bewegung hineingehen. Da stehen, in Erinnerung versunken und sich in das Grab hinein bücken. Martin Luther hat einmal gesagt: so ist der Mensch, solange er in der Gottesferne und Sünde lebt: wie verkrümmt in sich selbst. Selbstbezogen. Geprägt von Sorge um sich selbst, von Neid und Angst und falschem Ehrgeiz. Die Kirche, und ich spreche dabei jetzt ausdrücklich auch von unsrer evangelischen Kirche, die Kirche gleicht oft Maria am Grab. Sie steht da und jammert. „Wir müssen Kirchen zumachen! Wir werden weniger! Wir sind in der Krise!" - Ostern aber bringt Bewegung ins Spiel. Bleibt nicht stehen. Geht zu den Menschen in ihren Alltag. Erzählt ihnen von diesem Tag. Gerade zu denen an den Rändern der Gesellschaft. Hört auf ihre Sorgen. Hört auf ihre Ideen. Entdeckt ihre Begabungen. Ja, ich glaube, die Worte des Papstes können wegwesend sein auch für uns Evangelische. Nehmt Stallgeruch an. Mischt euch als Hirten unter die Schafe. Ostern bringt in Bewegung. Geht hin in alle Welt.

Was passiert Ostern? **Ein dritter Gedanke. Ostern erkennen wir nur dann, wenn wir uns selber erkannt wissen.** Das finde ich so faszinierend an dieser Geschichte. Maria erkennt Jesus nicht. Dabei war sie doch ein paar Jahre wohl mit ihm unterwegs. Kann das sein? Hat er sich durch die Auferstehung denn so verändert? Ist das eine andere Ebene des Kennens und Erkennens?

Manche von uns mögen sagen: „"Ostern ist schön und gut, aber das mit der Auferstehung ist mir zu hoch. Da kann ich echt nicht mit." Das ist eine ehrliche Aussage. Auch für Maria ist das „zu hoch". Für uns alle ist das „zu hoch"! Ich sage es einmal so: die gewohnte Art und Weise, etwas zu erkennen und zu begreifen, funktioniert gegenüber dem Auferstandenen nicht. Ostern ist ein Ereignis eigener Art. Da bricht in unsere gewohnte Welt etwas ganz Anderes, etwas ganz Neues ein. Und es gibt nur eine Möglichkeit, das zu erkennen. Nämlich sich selber von ihm erkennen und ansprechen zu lassen. Sie dreht sich um, sie will es ja erkennen aber sie kann es nicht. Spricht Jesus zur ihr: Maria! Spricht Maria zu ihm: Rabbuni, mein Meister. Da fällt es ihr wie Schuppen von den Augen.

Wenn Sie dem Glauben kritisch gegenüberstehen, mögen Sie sagen: das ist ja ein Trick. Man versteht also nur, wenn man glaubt. Und ich muss Ihnen recht geben. Philosophisch, erkenntnistheoretisch haben wir es tatsächlich mit einem „Verstehenszirkel" zu tun. Wir können das Osterwunder nicht von außen kommend begreifen, und nicht mit den Maßstäben unserer rationalen Erkenntnis oder aus objektiver Distanz. Die Geschichte von Maria von Magdala macht deutlich: nur wenn wir uns selber darauf einlassen, wenn wir uns davon ansprechen lassen, von den Engeln oder von ihm selbst, nur dann verstehen wir, was da geschehen ist.

Was ist Ostern passiert? Dazu ein **vierter und letzter Gedanke. Ostern befähigt uns, die Spannung zwischen Hoffnung und Realität auszuhalten.** Festhalten will sie ihn, den Auferstandenen, anrühren wenigstens. Er aber wehrt ab. Rühre mich nicht an. Und man könnte genauso übersetzen: halte mich nicht fest, es sind im Griechischen dieselben Worte. Er aber hilft ihr loszulassen. Sie ist nun voller Hoffnung. Sie weiß: er lebt, er ist da. Aber es ist doch nicht früher. Der österliche Glaube ist nicht rückwärtsgewandt. Darum kann sie jetzt vom Grab wieder aufbrechen. Zu den Anderen gehen. Ín den Alltag. In die Widrigkeiten, in die Krisenzonen des Lebens. Aber *in ihr* ist etwas ganz Neues entstanden. Eine ganz starke Hoffnung. Nichts, was man festhalten kann. „Ich bin noch nicht aufgefahren zu meinem Vater im Himmel", hatte er gesagt. Es ist noch eine Zwischenzeit sozusagen. „Du aber geh hin zu den Anderen." Ostern löst also die Spannung nicht auf. Es ist nicht einfach alles gut. Aber für alles, was wir erleben, gibt es eine gute Botschaft. Freude, Hoffnung und Bewegung. Ich wünsche Ihnen ein bewegendes Osterfest! Amen

Ostern – die Schubkraft des Glaubens
Zu Jesaja 40, 26-31 am 27.4.2014 (Quasimodogeniti; mit Taufe)

Liebe Gemeinde,
der Blick nach oben tut gut. Kennen Sie das? Der Sternenhimmel zum Beispiel. In der Enge von Sorge, Neid und großer Belastung kann dieser Blick zum Himmel unser Herz wieder weit und frei machen. „Siehst du nicht? Hast du nicht gehört…?" In solchen Momenten werden wir an eine Wahrheit erinnert, die größer ist als die Enge und Bedrängnis unserer persönlichen Situation.

Da saßen die Israeliten also im Gefangenenlager in Babylon, und der Prophet zeigt zum Himmel. „Hebt eure Augen zum Himmel…wer hat das alles geschaffen ?.... Er führt ihr Heer vollzählig heraus." Vom Heer der Sterne spricht er: „Gott der Herr sie sie gezählet, dass ihm auch nicht eines fehlet" – wir kennen es aus dem alten Kinderlied, das auch für Erwachsene so viel bedeuten kann (EG 511). „Auch wenn wir selber am Ende sind", sagt der Prophet damit, „der, der die Enden der Erde gemacht hat, der ist noch nicht am Ende. Auch wenn unser eigener Verstand an Grenzen kommt, **sein** Verstand ist unausforschlich. Und auch wenn wir **selber** müde und erschöpft sind - er, der Schöpfer ist immer noch schöpferisch, ist immer noch wach. Seht nur zum Himmel!"

Bei den Israeliten im babylonischen Exil am Anfang des 6. Jh. vor Christus war der Glaube an Gott als Schöpfer überhaupt noch nicht selbstverständlich. Das erstaunt uns vielleicht, weil ja die Schöpfungsgeschichte ganz am Anfang der Bibel steht. Aber das Gottesbild der Israeliten war zuerst und vor allem geprägt von der Befreiung aus der Sklaverei, vom Exodus aus Ägypten. Das war das Urereignis und die Urerfahrung ihres Glaubens. „Ich bin der Herr, dein Gott, der ich dich aus der Knechtschaft in Ägypten geführt habe…" Das erste Gebot unterstreicht die zentrale Gottesvorstellung Israels. Und zum anderen war das Gottesbild geprägt von der Bewahrung auf dem langen Weg durch die Wüste und von der Auseinandersetzung dann auch mit anderen Völkern und ihren Göttern. „…du sollst keine anderen Götter haben neben mir." So geht es im ersten Gebot weiter. Von der Erschaffung der Erde ist in den Geboten also gar nicht die Rede. Entstanden ist der Glaube an den Schöpfer erst später, in der Zeit nämlich, in der dieser Prophet auftrat, den man später den „zweiten Jesaja" nannte. Und das war eben genau in der Zeit des babylonischen Exils. Vielleicht hat der Prophet dort im Gefangenenlager sogar mit den priesterlichen Gelehrten zusammen gesessen, die den Schöpfungsbericht aufgeschrieben haben, nach allem, was sie aus ihren Überlieferungen gehört hatten.

Man muss sich das vorstellen, es war ja eine ganz besondere Situation dort. Sie waren gefangen, sie waren fern von der Heimat und ohne Verbindung dorthin. Und sie konnten nicht weg, sie sahen keine Zukunft. Wie sollte es weitergehen? In dieser kritischen Lage entwickelte sich ihr Glaube weiter und eröffnete einen neuen Horizont für das eigene Leben. „Hebt eure Augen in die Höhe und seht…" Nachts im Lager zum Beispiel. Wenn der Schlaf nicht kommen wollte. Wenn die Sorgen groß und die Gedanken schwer wurden. Wenn sie sich nach Freiheit und nach ihrem Zuhause sehnten. Dann sahen sie manchmal die Sterne. Und die Weite des Himmels wurde ihnen zur Heimat und zur Freiheit zugleich. „Ja, es stimmt", sagten einige, „uns geht es schlecht. Und wir verstehen auch nicht, warum das alles so gekommen ist. Aber unser Glaube an Gott hört deshalb doch nicht auf. Er ist noch größer als unsere Not. Er ist noch weiter als unsere Grenzen. Seht doch mal nach oben – seht die Sterne, Sonne und Mond, seht die Wolken. Das alles hat Gott gemacht. Wie sollte er dann nicht auch uns wirksam helfen können?" Im Glauben an den Schöpfer der Welt fanden sie eine Quelle der Hoffnung und der Kraft.

Stellen wir uns einmal Menschen vor, die heute in ähnlicher Weise fest sitzen und nicht weiter wissen. Denken wir etwa an die Armenviertel in Brasilien, die

Zwangsarbeiter in Katar, an die Ausgebeuteten in den Textilfabriken in Bangla Desh. Keine Frage: Exil und Gefangenschaft ist auch das, auch wenn die Strukturen der Sklaverei heute komplizierter sind. Das Elend all dieser Menschen ist mindestens ebenso groß wie damals. – Und ich frage mich: ob all diese Menschen in den Elendsvierteln der Erde manchmal, wenn sie abends in den Himmel schauen, ob sie dann so ähnliche Gedanken haben und so ähnliche Hoffnungen? Wenn wir daran heute denken, müssen wir uns klar machen: es ist derselbe Himmel über ihnen wie über uns, und es ist derselbe Gott, der ihnen wie auch uns Freiheit und Zukunft versprochen hat.

Wir kennen ähnliche Not oder Gefangenschaft vielleicht auch aus unserer näheren Umgebung oder sogar von uns selber. Immer wieder sitzen Menschen auf ihrem Lebensweg fest, kommen weder vor noch zurück. Finden nicht heraus aus krank machenden Beziehungen und schweren Abhängigkeiten, sehen keinen Weg aus belastenden Konflikten und erkennen nach Enttäuschungen keinen Neuanfang.

„Schaut nach oben." Seht einmal über den Tellerrand eurer persönlichen Situation hinaus. Und zwar nicht um festzustellen, dass es Anderen ja noch schlechter geht. Das ist niemals ein wirklich guter Trost. Aber seht die Weite des Himmels und die Unendlichkeit der Sterne – und seht dahinter den Schöpfer, der in all dem wirkt mit seiner Macht und seiner starken Kraft. Denn diese Kraft, und das ist das Entscheidende, denn diese Kraft wirkt auch in euch. Als Kraft der Befreiung, so wie die Israeliten es erfahren haben: Der Gott, der dich aus Ägypten geführt hat.... So wie ihr, liebe Eltern von Hermann, es auch im Taufspruch für euer Kind unterstreichen wolltet: „Unsere Seele ist entronnen wie ein Vogel dem Netz des Vogelfängers; das Netz ist zerrissen - und wir sind frei." (Ps. 124,7) Ja, der Glaube zerreißt die Netze von Tod und Gefangenschaft und Resignation. Im Glauben ist die Kraft des Neuanfangs und der Neuschöpfung, wie am Ostermorgen.

Natürlich: es gibt Momente, da kommt es uns vor, als wäre niemand da, der uns unterstützt. Als würde niemand sehen, wie schlimm unsere Lage ist. Und es gibt Momente, da kommt es uns vor, als läge unser eigener Lebensweg im Dunkel verborgen, unverständlich und ohne Sinn. Aber „weißt du nicht? Hast du nicht gehört? Der Herr, der ewige Gott, der die Enden der Erde geschaffen hat, der wird nicht müde noch matt, sein Verstand ist unausforschlich!"

Was wir in diesen prophetischen Worten hören, klingt wie ein Zwiegespräch zwischen dem suchenden und zweifelnden Menschen einerseits und dem Glaubenden oder glauben Wollenden andererseits. Wir wissen ja: wir selber sind auch immer beides, so wie Thomas, der Zwilling, der Zweifler immer beide Seiten in sich hat.

„Gott, warum hilfst du nicht? Was ist im Moment los in der Welt?" Von vielen Menschen habe ich das gehört, gerade in den letzten Tagen angesichts der vielen Schreckensnachrichten: der drohende Krieg in der Ukraine, die vielen Flüchtlinge in Syrien; die in Asien auf dem Fährschiff ertrunkenen Kinder; die schwer kranke Frau in der Nachbarschaft – „Warum so viel Unheil, warum ist alles so dunkel und rätselhaft, Gott?" Aber da ist auch die andere Seite: Erinnerungen an Momente auch der Begegnung mit Gott: „Schau nach oben! Siehst du nicht? Weißt du nicht? Hast du nicht gehört?"

Diese Balance zwischen Zweifel und Glaube, zwischen Skepsis und Vertrauen scheint zu uns Menschen einfach dazu zu gehören. Wir kommen nie ganz raus aus diesem Zwiespalt. Und wir können nie ganz „den Deckel drauf machen".

Manchmal macht es uns müde, erschöpft. Diese vielen Fragen, Aufgaben, Sorgen. Ich weiß das von manchen auch in der Kirche. Männer werden müde und matt. „Ich muss auf meine Grenzen achten", hat mir letzte Woche einer geschrieben und sich von einer ehrenamtlichen Aufgabe verabschiedet. Frauen geht es übrigens nicht anders. Jüngere und Ältere machen diese Erfahrung gleichermaßen. Erschöpfung macht sich breit in vielen Bereichen des Lebens. Wie kommen wir damit zurecht?

Aber „er gibt dem Müden Kraft". Wer denn? Von Gott ist da die Rede, vom Schöpfer dieser Welt in ihrer Weite. Ja, es ist der große, unendlich weite Gott. Aber auch der ganz nahe, der Weggefährte. Der von dem die Jünger sagen: Brannte nicht unser Herz, als er mit uns auf dem Weg war? Der, der uns einlädt, seine Hände zu berühren wie Thomas. Der seinen Jüngern den Auftrag gab in seinem Namen und mit seiner Verheißung zu taufen. Der uns ruft, den Weg mit ihm zu gehen mitten in unseren Welt, Ihr, liebe Eltern von Hermann, wisst wovon ich rede. Dass dieser Gott uns rufen und dass er uns führen kann. Wir freuen uns, dass er euch hierher geführt hat. Dieser Gott gibt uns müden Leuten Kraft. Und gibt Stärke genug dem Unvermögenden. Stellen Sie sich das mal vor: ***Stärke genug.***

Nein, wir sind keine geistlichen Marathonläufer. Und wir kennen Schwäche-Phasen. „Aber die auf den Herrn harren, kriegen neue Kraft." Das ist der Schlüssel. Das ist die Quelle der Energie innerlich und äußerlich. „Harren" - das ist ein altes Wort. Aber ich finde: ein schönes ! Beharrlichkeit steckt da drin. Nicht aufgeben, sondern dranbleiben. Zwischen Glauben und Zweifel, zwischen Skepsis und Vertrauen nicht nachlassen. Intensiv hoffen, aber auch geduldig warten können, beides, diese

Spannung. „Dass sie auffahren mit Flügeln wie Adler." Was für ein großartiges Bild für die Kraft Gottes, die in Menschen wirkt. Manchmal, es gibt solche Momente, da spüren wir das. Als wenn uns jemand unter die Arme greift. Als wenn dir der Wind unter die Flügel greift, und du merkst die Schubkraft des Glaubens. Wie beim Start eines Flugzeuges, wenn die schwere Maschine erst dahin fährt, immer schneller wird, und wenn dann der Schub einsetzt. Ostern ist wie die Schubkraft des Glaubens. In solchen Momenten können wir mit Thomas nur sagen: mein Herr und mein Gott. Es sind Momente der Dankbarkeit und der Anbetung. Von denen leben wir. Aus dieser Kraft können wir laufen, arbeiten, leben, für Andere da sein. Spannungen aushalten. Ich wünsche eurem kleinen Hermann und auch Euch, den Eltern und Angehörigen, ja uns allen immer wieder diese Erfahrung: den Wind des Schöpfers unter den Flügeln, die österliche Schubkraft des Glaubens. Amen

Die Taschenlampe muss dabei sein !
Zu Psalm 119, 105 am 28.4.2013 (Konfirmation)

Liebe Konfirmandinnen und Konfirmanden, liebe Gemeinde,
nun sind wir hier an Eurem großen Tag. Schon lange habt Ihr Euch darauf gefreut, und jetzt sind hoffentlich viele von denen auch da, die ihr gern dabei haben wolltet. Ihr steht im Mittelpunkt, Ihr werdet gefeiert. Ja, wir freuen uns, dass Ihr da seid. Zwanzig Monate ungefähr habt Ihr nun Konfirmandenunterricht gehabt. Mit den beiden Freizeiten, dem Praktikum im Altenheim, besonderen Aktionen wie dem „Café im Advent" oder dem Vorstellungsgottesdienst und natürlich dem normalen Unterricht. Eines ist mir ganz deutlich: Ihr habt euch in dieser Zeit wirklich mit dem Glauben auseinandergesetzt. Ihr habt nicht einfach alles hingenommen, sondern habt euch eure eigenen Gedanken gemacht, manche dieser Gedanken werden wir nachher noch hören. Es war eine Zeit, in der ihr vielleicht etwas genauer herausgefunden habt, was denn der Glaube an Gott und an Jesus für euch bedeutet. Und heute sagt ihr Ja zu diesem Glauben, ihr bekennt euch dazu. Das heißt „Konfirmation".
 Für das, was ich euch an diesem besonderen Tag sagen möchte, habe ich einen Gegenstand mitgebracht, den ich in der Konfirmandenzeit immer mal wieder brauche. Hier, das ist meine Taschenlampe. Die muss auf Freizeiten unbedingt dabei sein. Vor allem, wenn wir in Abbensen sind. Dort auf dem Gelände des CVJM-Heims ist es nachts nämlich wirklich so richtig dunkel. Wir bewohnen da ein kleines Dorf mit Bäumen und Büschen und 10 Blockhütten, in denen jeweils bis zu 10 Personen wohnen können. Aber nachts um 1 Uhr wird die gesamte Außenbeleuchtung ausgeschaltet. Und wenn man dann von einer Hütte zur anderen gehen muss,

weil es hier und da noch Probleme zu lösen gibt, dann kann man oft die Hand nicht vor Augen sehen. Wie gesagt, deshalb die Taschenlampe.

Vor ungefähr 3000 Jahren hat im alten Israel ein frommer Mensch den Glauben an Gott sozusagen mit einer Taschenlampe verglichen. Er hat gesagt: „Herr, dein Wort ist meines Fußes Leuchte und ein Licht auf meinem Wege." Mit anderen Worten: Wenn ich das habe, dann komm ich zurecht.

Ich gebe zu, das ist ein einfacher Gedanke, aber ich finde ihn großartig. Denn in unserem Leben ist es immer wieder mal so wie nachts in Abbensen zwischen den Blockhütten. Oft erkennen wir den Weg vor Augen nicht. Wir möchten dahin zurück, wohin wir gehören, aber wir wissen nicht mal die Richtung. Oder wir wollen zueinander, wollen zu den Anderen gehen, aber wir wissen nicht, wo's langgeht. Ja, manchmal können wir sogar gefährlich ins Stolpern geraten. Wenn etwas Schreckliches passiert, was uns ganz traurig oder ganz besorgt macht. Oder auch wenn wir selber etwas schrecklich Dummes angestellt haben, und gar nicht wissen, wie wir da wieder rauskommen. Ich vermute, die meisten von uns, liebe Angehörige und liebe Erwachsene, könnten dazu einiges aus ihrem eigenen Leben erzählen.

Und mir sagt die Taschenlampe: es ist gut, wenn Du für solche Momente vorbereitet bist. Wenn Du in der Dunkelheit das Licht dabei hast. Auf das Leben und auf den Glauben bezogen: wenn du dann das richtige Wort dabei hast und den hilfreichen Gedanken in deiner Erinnerung bei dir trägst. Natürlich ist das kein Zauber, keine Magie - ein Wort sagen, und dann wäre alles gut. Das wisst Ihr alle, dass das mit dem Glauben vielschichtiger ist und komplizierter. Einerseits. Andererseits aber gibt es ja wirklich Worte, die können leuchten. Die können uns auf gute Gedanken bringen, die können uns ein Lächeln ins Gesicht zaubern. Schon rein weltlich, mal abgesehen von allen religiösen Aspekten kennen wir doch solche Worte. „Hundebabys." „Sahnetorte." „ Gut siehst du aus." „Ferien." Solche Worte kennt jeder und jede von uns. Es mag individuell ganz verschieden sein, was uns zum Lächeln bringt, was uns mit Hoffnung erfüllt. Aber das gibt es.

Und so gibt es erst recht im Glauben solche Worte, die funkeln wie helle Sterne. Die können uns trösten, wenn sonst nichts uns mehr erreicht. Die können uns in der Nacht den Weg zeigen und unserem Herzen wieder Mut geben. Und diese Worte zaubern uns nicht nur für einen Moment ein Lächeln ins Gesicht, sondern sie können mehr: in ihnen ist Klarheit und Kraft für unseren Weg in dieser Welt.

„Gott, dein Wort ist meine Taschenlampe." Mir gefällt das. Ist meines Fußes Leuchte und ein Licht auf meinem Wege. Denn das heißt: wir können es mitnehmen.

Wir müssen nicht darauf warten, ob es uns vielleicht irgendwo begegnet oder vielleicht doch nicht. Sondern wir können es bei uns und in uns und mit uns tragen. Und bei Bedarf Gebrauch davon machen.

Ihr habt euch alle so ein Wort ausgesucht, das ihr mitnehmen könnt. Wir werden es gleich persönlich vorlesen und auf eurer Urkunde habt ihr´s dann auch schriftlich. Ihr müsst es nicht aufsagen, keine Sorge, aber natürlich es wäre gut, wenn ihr es kennt, damit ihr es anwenden könnt.

Manche der Worte, sind wie ein Licht, an dem man sich wärmen kann, in dem man sich geborgen weiß. Aus ihnen spricht ein unerschütterliches Vertrauen, dass Gott uns auch in großer Not und Sorge nie allein lässt, sondern immer da ist.

Andere dieser von euch ausgesuchten Worte klingen eher ein bisschen wie Ratschläge, vielleicht sogar wie Mahnungen. „Lass dich nicht vom Bösen überwinden, sondern überwinde das Böse mit Gutem …" Sie haben ein helles und klares Licht, und wenn uns diese Worte im richtigen Moment in den Sinn kommen, dann sehen wir deutlich und wissen genau, was zu tun ist und was gerade nicht.

Wieder andere Worte sind dabei, die bauen uns in unserem Innern auf. Die können unseren Mut und unser Selbstvertrauen stärken. Sie wirken gegen Ängstlichkeit. Sie motivieren uns, unsere Meinung zu sagen und unsere Ideen und Begabungen einzubringen.

Und wieder andere Worte helfen uns, die Welt klar zu sehen, die Krisen und die Chancen, die Ursachen und die Folgen. Das Licht solcher Worte ist wie ein klarer Himmel an einem Wintermorgen.

Gott, dein Wort ist meines Fußes Leuchte und ein Licht auf meinem Wege. Das Licht kann also unterschiedlichen Charakter haben, die verschiedenen Farben des Lichtes sozusagen. Aber immer ist es das Licht von Gott. Für die ersten Christen hatte dieses Licht einen Namen. Wir haben es vorhin gehört: Jesus, das Licht der Welt. Zu uns gesandt aus der Ewigkeit Gottes – um uns zu leuchten. Allerdings wird gleich dazu gesagt: die Finsternis hat es nicht ergriffen. Also: viele haben das gar nicht wahrgenommen. Aber wer mir nachfolgt und wer mir vertraut, so sagt Jesus, der wird nicht im Dunkeln tappen, der wird das Licht des Lebens haben. Ich glaube, das ist sehr wichtig, dass wir wissen, das Licht kann verschieden sein und verschieden wirken, aber in Jesus ist es ganz da, so wie die verschiedenen Farben des Lichtes. Und einen Aspekt, einen Lichtstrahl könnte ich sagen, den nehmt ihr mit eurem Spruch mit. Ein Wort das leuchtet.

Wir hören und kennen, lesen und sagen so viele Worte jeden Tag. Haben Sie sich mal gefragt, habt ihr euch mal gefragt, welche Worte wirklich helfen, wirklich trösten, wirklich den Weg zeigen können? Also bewahrt sie gut, die Worte, die leuchten.

„Nun wirst du erwachsen." Das bekommt ihr, liebe Jugendliche in diesen Tagen immer wieder einmal gesagt. Das hört ihr einerseits gern, weil es auch bedeutet, mehr Freiheiten zu haben und mehr zu dürfen. Aber es heißt natürlich auch: nun musst du so langsam allein zurechtkommen, selber Verantwortung tragen, deinen eigenen Weg selber finden. Ja, und das ist auch nicht so ganz ohne.

Darum bitten wir Gott heute um seinen Segen für euch und euren Lebensweg. Segen. Wir haben ja vor kurzem darüber gesprochen: Segen bedeutet Schutz und Bewahrung, aber auch Kraft und Zutrauen. Und wir verbinden diesen Segenszuspruch mit dem Wort, das ihr euch ausgesucht habt. Ich wünsche Euch, dass für euch darin das Licht leuchtet, so wie ihr es gerade braucht. Tröstend, mahnend oder wegweisend. Und dass ihr darin die Stimme von Jesus hört, der selber das Licht für uns ist. Und dann, dann könnt ihr eigentlich losgehen.

Möge also sein Licht auf euch scheinen, in euch leuchten, und auch durch euch hindurch ausstrahlen. So singt es gleich der Chor: "Shine your light on me, Jesus." Amen

Beschützt in geistloser Zeit
Zu Römer 8,1-2.10-11 am 8.6. 2014 (Pfingstsonntag)

„Keine Verdammnis!" - Liebe Gemeinde, in früheren Zeiten, als die Menschen sich vor der Hölle fürchteten, war das eine ungeheuer wichtige Botschaft. „So gibt es nun keine Verdammnis für die, die in Christus Jesus sind." Keine Angst!

Heute ist das irgendwie anders und doch ähnlich. Die Hölle, so sagen manche, gibt es nicht. Aber – mit Verlaub, auch wenn man nichts ganz Sicheres darüber sagen kann: das stimmt nicht so einfach. Manche sagen: die Hölle ist nur sozusagen vom Jenseits zu uns ins Diesseits hinüber gewandert. Wir finden sie zum Beispiel in Aleppo in Syrien, wo Menschen jede Stunde um ihr Leben fürchten. Wir finden sie in den Slums vor Nairobi, Millionen leben dort in Hunger und Unrat. Wir finden sie in den Gefängnissen von China oder Nordkorea, und auch direkt neben den großen neuen Fußballstadien in Brasilien, wo in wenigen Tagen die Fußball-WM beginnt. Aber wir finden die Hölle auch bei uns, in mancher sozialen Verwahrlosung und seelischen

Verkümmerung von Menschen und Familien und Gruppen, ja, wir finden die Hölle manchmal sogar in uns selbst. Aber überall, wo wir diese oder irgendeine Art von Hölle ahnen und fürchten, überall dort wollen wir uns an diesem Pfingstfest die Worte des Apostels sagen lassen: so gibt es nun keine Verdammnis für die, die in Christus Jesus sind! Keine Hölle und keine Angst. Was meinen Sie: hat diese Botschaft die Kraft, auch heute Menschen die Angst zu nehmen? Und wenn ja, wie könnte das gehen?

„In Christus Jesus sein" - wenn Paulus Recht hat, dann ist das der Schlüssel. Die an Jesus glauben, die auf seinen Namen getauft sind, die werden vor der Verdammnis beschützt, aus der Hölle gerettet. Egal ob im Jenseits oder im Diesseits. Das ist gemeint.

In der letzten Woche haben wir im Konfirmandenunterricht über die Taufe gesprochen und über die Gegenstände, die zu einer Taufe dazu gehören. Ich hatte eine Schale mit Wasser in die Mitte gestellt und das Kreuz und eine Kerze, und hatte auch ein Taufkleid in die Mitte gelegt. Dann haben wir überlegt, was diese einzelnen Gegenstände für uns bedeuten. Und eine Konfirmandin sagte, das mit dem Taufkleid sei wohl so gemeint, dass man Christus so anziehe, wie man in ein Kleid oder in einen Mantel hineinschlüpfen kann. „Und dann", so sagte sie, „und dann ist man beschützt." Das ist für mich ein sehr passendes Bild. In Christus Jesus sein. Von ihm umhüllt, von ihm beschützt. Das kann ich mir gut vorstellen.

Etwas anders sagt Paulus selbst an dieser Stelle mit dem Begriff des „Geistes". Mit dem Glauben und mit der Taufe zieht ein neuer Geist in das Leben eines Menschen ein. Egal ob damals oder heute; egal, ob es sich um eine Kind oder um einen Erwachsenen handelt; egal, ob um einen gefangenen oder einen freien Menschen. Dieser Geist, der da in uns Menschen einzieht, bewirkt zwei Dinge. Der macht uns lebendig, und der macht uns frei. Er „macht uns frei", so formuliert Paulus es, „von dem Gesetz der Sünde und des Todes". Dem waren wir nämlich unterworfen. Nun fragen Sie sich vielleicht: Was soll damit gemeint sein? Klingt erst einmal sehr fremd. Gesetz der Sünde und des Todes. Aber wenn wir einen Moment darüber nachdenken, dann wissen wir: ja solche Gesetzmäßigkeiten, solche Gesetze von Sünde und Tod, ja, die gibt es auch in unserem Leben. Bei manchen ist es eine Sucht oder Abhängigkeit. Bei manchen ist es die Angst vor dem Tod, die das Vertrauen und das eigene Handeln lähmt. Die Angst vor Scheitern kann das sein, vor mangelnder Anerkennung und Liebe, auch die Angst vor der eigenen Courage, Schüchternheit. Es gibt manche Gesetzmäßigkeiten in unserem Leben, die hier genannt werden könnten. Von all dem befreit dieser Geist, der im Glauben an Jesus in uns einzieht.

Und Pfingsten erinnern wir uns daran, da feiern wir den Einzug dieses Geistes in unser Leben.

Nehmen Sie also zum Beispiel Petrus. Wir haben das ja in der Pfingstgeschichte vorhin gehört. Also, das Wunder passiert, zugegeben: wir wissen nicht genau, wie. Aber der von Gott geschenkte Geist erfasst die Jünger. Er bringt sie in Bewegung. Und dann reden sie, voller Begeisterung, in verschiedenen Sprachen, und sie verstehen sich sogar untereinander mit Leuten, mit denen sie sich nie verstanden haben, rein sprachlich oder auch menschlich. Stellen Sie sich das mal vor! Eine wunderbare Erfahrung muss das gewesen sein, für alle, die daran beteiligt waren.

Aber die Anderen, die das von außen betrachten, die sind skeptisch. Was ist denn da los? Das ist ja merkwürdig, wie die sich verhalten. Es ist genauso, wie in unserer Zeit manche Menschen auf Äußerungen des christlichen Glaubens reagieren. Manche fragen sachlich, wie das denn gehen kann – „Die kommen doch alle aus verschiedenen Ländern, sprechen verschieden Sprachen, warum verstehen die sich plötzlich?" Die Frage ist ja berechtigt. Andere dagegen machen es sich ganz einfach. Die machen oberflächliche Witze, die ergehen sich in billigem Spott. Die lachen und sagen nur: „Ach die sind doch betrunken. Die spinnen doch." Solchen Spott kennen wir auch. Die Medien sind voll davon.

Mit den sachlichen Kritikpunkten gegenüber Kirche und Glauben kann man sich auseinandersetzen. Da kann man ins Gespräch kommen. Da gibt´s Argumente und Gegenargumente und oft ein gemeinsames Nachdenken von Menschen, die ganz verschiedener Meinung sind. Aber mit dem Spott, mit der billigen Verhöhnung des Glaubens ist das viel schwieriger. Viele von uns wissen, wie das ist. Wie das einen selber auch einschüchtern kann. Wie man dann am liebsten abtauchen würde.

Aber Petrus taucht nicht ab. Er hat in diesem Moment das Zeug, man muss sagen: er hat den Geist, klar und kraftvoll etwas dagegen zu setzen. Petrus ist in diesem Moment frei von der Angst, sich irgendwie lächerlich zu machen. „Lass die Leute doch reden. Ich sage hier, was gesagt werden muss." Und das tut er dann. Und sein Glaube ist in diesem Moment nicht kleinzukriegen, sondern lebendiger als je zuvor. Es ist, als würde Jesus selber durch ihn reden. So jedenfalls haben es die Leute erlebt, die dabei waren am Pfingsttag in Jerusalem. Der Geist macht lebendig. Weckt den Glauben und die Kraft des Glaubens wieder auf zum Leben.

Und das, liebe Gemeinde, ist nun nicht nur eine Geschichte von damals. Diese Erfahrung des Geistes gibt es auch heute. Dass mitten in einer gottfernen Welt plötzlich und unerwartet die Klarheit und Kraft der Gegenwart Gottes aufblitzt.

Zum Beispiel in der einfachen Frage eines Kindes. Eine Journalistin hat das von ihrer 6jährigen Tochter berichtet. Sie und ihr Mann sind lange aus der Kirche ausgetreten, weil sie die Institution Kirche ablehnen und jede religiöse Beeinflussung vermeiden wollen. Da kommt die Tochter eines Tages und fragt: „Mama, warum bin ich eigentlich nicht getauft?" Und erzählt der Mutter, wie schön sie das Abendläuten an der Kirche findet und wie spannend die Geschichten in der Bibel sind. Die Journalistin war platt. „Mit dieser Frage machte meine Tochter mich sprachlos," sagte die sie. „Bei so einer Frage hilft keine halbwegs gute Bildung und nicht einmal das Internet." Warum bin ich eigentlich nicht getauft?

Ich glaube, das ist so ein Moment der Gegenwart des göttlichen Geistes. So wie Petrus in seiner Rede sagt: die Leute sind eben nicht betrunken, die da von Gott und von Jesus erzählen, sondern hier geschieht das, was schon durch die alten Propheten angekündigt worden war vor Jahrhunderten: „Es kommt die Zeit, spricht der Herr, da will ich meinen Geist ausgießen, und eure Töchter und Söhne sollen weissagen...." Eure Töchter und Söhne. Und eure Jugendlichen sollen Visionen haben....und eure alten Leute sollen Träume haben... " Das passiert offenbar auch heute noch.

„Der Geist weht, wo er will", sagt jedenfalls Jesus an anderer Stelle einmal. Und auch in unserer oft so geistlosen Welt sollten wir darum auf die Überraschungen der göttlichen Gegenwart gefasst sein. Natürlich nicht nur in den Kirchen. Aber auch da, auch in den Kirche ist das nicht auszuschließen.

Im Gegenteil. Paulus geht sogar noch einen Schritt weiter. Er sagt: wenn wir an Christus glauben, dann ist dieser lebendig machende Geist sogar *in uns selbst*. Das muss man sich wirklich für sich selber ganz persönlich einmal vorstellen. Es klingt zunächst etwas kompliziert, wie Paulus das sagt, aber das ist gemeint. Hören wir noch einmal hinein: „Wenn nun der Geist dessen, der Jesus von den Toten auferweckt hat, *in euch wohnt* - also: es ist nicht irgendein rätselhafter Geist, sondern es ist der Geist der Auferweckung, es ist der Geist von Ostern! - dann wird der, der Christus von den Toten auferweckt hat, auch eure sterblichen Leiber lebendig machen durch seinen Geist, der in euch wohnt." (Röm 8, 11)

Das heißt also: wenn wir in Christus sind, wenn wir an ihn glauben und auf ihn getauft sind, dann wohnt dieser Geist der Auferweckung auch in uns. Und wirkt in uns. Und wir können darauf vertrauen.

Zum Beispiel: wenn in unserem Leben etwas zu Ende geht - vertrauen, dass auch wieder Neues beginnt. Wenn wir Scheitern erfahren - vertrauen, dass auch Gelingen wieder möglich ein wird. Wenn etwas stirbt - vertrauen, dass auch etwas neu zum Leben kommt. Weil dieser Geist von Gott, weil diese Kraft vom Himmel auch bei uns einziehen will, in unsere Herzen und auch in unsere Kirchen. - -

Wie gut, dass es Pfingsten gibt. In unserer geistlosen Welt ein starker Rückenwind für den Glauben. Mögen wir seine Kraft erfahren. Amen

Das Kernkonzept der Kirche: Gott gibt niemanden auf
Zu Lukas 15,1-7 am 24.6.2012 (3. So. n. Trinitatis)
(zugleich Einführung des neuen Kirchenvorstandes)

Liebe Gemeinde,

die Geschichte vom verlorenen Schaf ist eine gute Nachricht für alle, die den roten Faden in ihrem Leben verloren haben. Eine gute Nachricht für die, die einsam oder allein sind, und auch für die, die irgendwann das Vertrauen in die Gemeinschaft aufgegeben oder den gemeinsamen Weg verlassen haben. Ein gutes Signal ist diese Geschichte für alle auch, die von den Aufgaben ihres Lebens überfordert sind und sich darin sozusagen verheddert haben. Und eine gute Botschaft ist das erst recht für die, die den Kontakt zu Gott und zum Glauben aus welchen Gründen auch immer verloren haben und sich manchmal danach sehnen. „ Ja", wird ihnen in diesen Worten gesagt: „ja, es gibt die Möglichkeit umzukehren. Zurückzufinden. Zur Gemeinschaft, zum Glauben, zum roten Faden im Leben." Und, was noch wichtiger ist: „ja, es gibt einen, der nach dir sucht, schon lange. Der alles daran setzt, dich wiederzufinden." Das, liebe Gemeinde, scheint mir die erste und wichtigste Botschaft in dieser Jesus-Geschichte zu sein: Gott gibt niemanden auf. Schon immer hat er nach uns gesucht, und er hört nicht auf uns zu suchen. Jeder einzelne ist ihm unendlich wichtig.

Das muss man erst mal sacken lassen. Das müssen wir erst einmal wirklich begreifen. Nicht nur mit dem Verstand, sondern auch mit dem Herzen. Denn das kann dauern, bis so ein verirrtes Schaf wiedergefunden ist. Wir haben mal unseren Hund gesucht, als er noch ein kleiner Welpe war. Er hatte geglaubt, er kriegt irgendwo besseres Fressen, und dann war er weg. Es hat mehr als einen halben Tag gedauert, bis wir ihn wieder hatten. Und so kann es auch dauern, bis ein Mensch wiedergefunden ist, der wie verloren umherläuft in dieser Welt und Zeit, bis jemand wiedergefunden ist, der sich im Dickicht des eigenen Lebens verfangen hat. Sich verlaufen, ja, das kann schnell gehen. Das passiert leicht in einer immer unübersichtlicher und anonymer werdenden Welt. Aber jemanden suchen und wiederfinden, das geht nicht von jetzt auf gleich. Das braucht Zeit und Geduld. Und das braucht Liebe.

Und das, liebe Gemeinde, ist eigentlich die zweite, mindestens ebenso wichtige Botschaft der Geschichte gerade am heutigen Tag und gerade in *diesem* Gottesdienst. Eben haben wir einen neuen Kirchenvorstand in sein Amt eingeführt. Ein wichtiger Tag in der Geschichte einer Gemeinde. Sechs Jahre sollen diese acht Frauen und Männer nun Leitungsverantwortung tragen. Heute fragen wir, worauf es in den nächsten Jahren ankommt. Wohin geht der Weg dieser Gemeinde? Was ist aus heutiger Sicht besonders zu beachten?

Und da ist dieses Evangelium nicht nur eine Geschichte, die uns *zugesprochen* wird, das auch, ganz sicher; aber es ist auch etwas, das uns *aufgetragen* ist. Diese Geschichte gehört zum Zentrum des christlichen Glaubens, zum Kern-Konzept: Gott gibt niemanden auf. Jeder einzelne Mensch ist ihm unendlich wichtig. Und darum gibt auch eine Kirche, die nach diesem Jesus Christus genannt ist, niemanden auf und auch eine Gemeinde nicht. Hier zählt der einzelne Mensch. So soll es jedenfalls sein.

Selbstverständlich ist das nicht. Vor allem: ökonomisch vernünftig ist das nicht. Wie sollen wir das schaffen, muss man sich fragen. Woher sollen wir die Zeit nehmen, für jeden da zu sein? Das können wir doch gar nicht. Wir sind doch nicht Jesus.

Und alle, die in den letzten sechs Jahren im Kirchenvorstand oder in anderen Gremien die Entwicklung dieser Gemeinde mit gestaltet und beobachtet haben, wissen das. Wissen, wie sehr sich auch in unserer Kirche die Schatten der wirtschaftlichen Notwendigkeiten über alles legen wollen. Wie die finanziellen Sachzwänge die persönliche Seelsorge und den persönlichen Glauben in den Hintergrund drängen wollen. Gerade von einigen, die sehr engagiert im Kirchenvorstand mit dabei waren, weiß ich, wie sehr sie dieser Zwiespalt belastet hat. Wie also kommen wir damit zurecht?

Ich will gleich ganz ehrlich sagen: ich habe dafür auch keine Lösung. Es ist ja wahr: diese Geschichte zeigt uns sehr genau den strukturellen Konflikt zwischen der Kernbotschaft des Glaubens und den gegenwärtigen Rahmenbedingungen. Was ist wichtiger: der Besuch im Pflegeheim oder die soundsovielte Sitzung zum Gebäudemanagement? Und da geht es ja nicht um irgendwas, sondern darum, ob wir ein Gemeindehaus behalten können oder nicht. Was ist wichtiger: ein guter Konfirmandenunterricht oder die Stellenrahmenplanung? Und da geht es ja nicht um irgendetwas, sondern darum, ob und in welchem Maß Mitarbeiterstellen aufrechterhalten werden können oder nicht, und es sind nicht mehr viele, die wir haben. Wir sehen oft, was alles getan werden müsste und getan könnte in der Gemeinde in allen Altersgruppen. Es gibt Aufgaben und Möglichkeiten ohne Ende. Wirtschaftlich gesagt: der Bedarf ist riesig, keine Frage. Und wir sehen doch auch, dass die Kräfte nicht reichen und die Zeit nicht ausreicht, um wirklich allen nachzugehen. Wir sind nicht Jesus.

Ich weiß also keine Patent-Lösung. Aber es wird in all diesen gegenwärtigen und künftigen Diskussionen sehr darauf ankommen, als Gemeinde den einzelnen Menschen im Blick zu behalten und die Akzente entsprechend zu setzen. Und damit wir den Blick dafür nicht verlieren, damit wir den Impuls dieser Jesus-Geschichte mitnehmen in die nächsten Jahre hier in dieser Gemeinde, habe ich gedacht, liebe neuen Kirchenvorsteherinnen und Kirchenvorsteher: ich bring Ihnen heute mal so ein Schaf mit. So ein einzelnes verlorenes Schaf. Das können Sie sich irgendwo in die Wohnung stellen oder auf den Schreibtisch oder, wenn Sie wollen, in die Sitzungen des Kirchenvorstandes mitnehmen oder wie auch immer. Ich nenn das mal so eine Art „Leitbild" für den Weg in den nächsten Jahren. Das übergebe ich jetzt erst einmal. *(kleines Spielzeug-Schaf wird übergeben)*

So, nun haben Sie das in der Hand, und können es einmal in Gedanken zu sich sprechen lassen, dieses einzelne verlorene Schaf. - Wofür steht dieses verlorene Schaf? Vielleicht für Menschen, die wir persönlich kennen, die auf schwierigen Wegen gehen. Einsam, verbittert, in großem Leid. Solche, die Schuld auf sich geladen haben. Auch solche, die bewusst den Glauben verlassen haben. Auch Menschen können uns in den Sinn kommen, die uns hier in der Gemeinde oder am Rand der Gemeinde begegnen. Kinder, Jugendliche, Frauen oder Männer, die vom Schicksal gezeichnet sind, die sich irgendwann verirrt haben oder unglücklich sind. Ihnen nachzugehen, das gehört mit zu unserem Auftrag. Sie nicht aufzugeben. In Kontakt zu bleiben und sie soweit wie möglich zu unterstützen. Und wenn Ihnen das deutlich wird, halten Sie damit nicht hinterm Berge. Im Ernst: wir müssen uns gegenseitig aufmerksam machen auf die, die uns brauchen.

Vielleicht steht aber dieses Schaf auch für etwas ganz Anderes. Für etwas, wonach wir selber auf der Suche sind. Was wir selber irgendwann verloren haben an Glauben oder Vertrauen, an Gemeinschaft oder Freude. Vielleicht steht es für den roten Faden in unserem Leben, nach dem wir suchen. Nachgehen, auf die Suche gehen, auch was uns selber angeht. Gott gibt niemanden auf - das gilt auch für uns selbst!

Als wir jetzt vor einigen Tagen im kleinen Kreis über diese Geschichte sprachen, sagte eine Frau: vielleicht könnten ja die Schafe auch gegenseitig auf sich aufpassen.

Gute Idee, finde ich. Ich weiß nicht, ob das Schafe tun, aber wir, wir Menschen in einer Gemeinde und in einer Kirche könnten das schon. Das kann uns doch nicht egal sein, wenn einer vom Weg abkommt, sich verläuft oder unglücklich ist. Da müssen wir doch hinsehen und da sein.

Deshalb möchte ich Sie alle heute bitten, liebe Gemeinde, gut *aufeinander* zu achten: auf die Kinder, die Jugendlichen, die anderen Frauen und Männer, auf die Alten, die zuhause und die in den Heimen, übrigens auch auf die Kirchenvorstandsmitglieder und auf die, die als fest angestellte hier tätig sind. Wir brauchen es alle, dass Andere auf uns achten. Und ich glaube, es ist eine Aufgabe für uns alle. Suchen, was verloren ist. Nachgehen und vielleicht wiederfinden. Aufeinander achten. Es wäre schön, wenn viele dabei mitmachen. Amen

Reisebekanntschaften
Zu Apostelgeschichte 8, 26-39 am 15.7. 2012 (6. So. nach Trinitatis)

Liebe Gemeinde –
erinnern Sie sich an solche Begegnungen? An Menschen, mit denen Sie ganz zufällig einmal ins Gespräch kamen, sei es in der Bahn oder im Flugzeug oder auf einer Wanderung? Manchmal ergibt sich das ja, dass man nicht nur über das Wetter redet, sondern sich etwas mehr zu sagen hat. Dabei verbindet einen zunächst nichts miteinander als diese eine Wegstrecke, die man gemeinsam zurücklegt. Gespräche im Zug fallen mir ein. Wie oft musste ich im Studium die Strecke von Tübingen nach Hannover fahren, fünf, sechs, sieben Stunden. Manchmal kommt man da einem Menschen für einen Moment näher, mit dem man nie zu tun hatte und den man vermutlich nie wiedersehen wird. Aber gerade diese Anonymität ist auch eine Chance. Dinge zu sagen, die man sonst nie ansprechen würde. Fragen zu stellen, die im vertrauten Kreis nicht vorkommen.

„Verstehst du auch, was du liest?" Man kann über die Rätsel des Lebens ins Gespräch kommen, die Geschichte des Lebens miteinander ein Stück lesen. Man fährt miteinander, schaut vielleicht zum Fenster hinaus und es gibt eine Verbindung für eine kurze Zeit, durchaus nahe. Und dann verabschiedet man sich, ein kurzes „Tschüss", ohne Verpflichtung, ohne Adressenaustausch, fast als wäre man sich gegenseitig entrückt. „…da entrückte der Geist des Herrn den Philippus…" Und doch hat sich etwas verändert. Und die Wegstrecke, die vorher noch lang und öde und mühsam schien, die sieht jetzt ganz anders aus. Etwas ist passiert auf diesem Weg. Etwas hat sich verändert. „Er aber zog seine Straße fröhlich."

Von so einer Reisebekanntschaft erzählt unser Predigttext. Und gleich zu Beginn wird uns da gesagt, was wir möglicherweise schon oft vermutet haben: dass auch solche Begegnungen nie ganz zufällig sind. Sondern dass eine Art Plan dahinter steht: „Der Engel des Herrn redete zu Philippus und sprach: Steh auf und geh an die Straße nach Gaza…und halte dich zu diesem Wagen." Ist Ihnen vielleicht auch schon einmal so ein „Philippus" begegnet? Ein Mensch, der auf einer Reise Ihren Weg kreuzte oder irgendwo anders auf dem Weg Ihres Lebens, der eine Zeit lang mitfuhr und dann irgendwann wieder weg war, einfach so - aber Sie hatten ganz deutlich das Gefühl, ja, das sichere Wissen: „den hat mir der Himmel geschickt" ? Dieser Mensch hat Ihnen vielleicht Mut gemacht, hat etwas aufgefangen, hat Fragen mit ausgehalten, hat ein wenig geholfen, die Rätsel des Lebens zu verstehen. Gab es so einen Philippus auch für uns schon einmal? Nehmen wir uns ruhig einen Moment Zeit, daran zurückzudenken, vielleicht auch für solche hilfreichen Begegnungen Gott zu danken an diesem Abend.

Es ist klar, es geht nicht nur um Reisebekanntschaften. Die Reise ist ein Bild für den Lebensweg, auf dem wir unterwegs sind. Der uns manchmal mühsam erscheint. Bei dem wir manchmal da sitzen und versuchen zu begreifen, aber oft ist uns unser eigenes Leben rätselhaft wie ein Buch, das wir nicht verstehen. „Verstehst du auch, was du liest?"

Nicht viele wagen es, diese Frage zu stellen. Und nur wenige stellen sie so, dass wir sie auch hören und annehmen können. Aber manchmal treten Menschen in unser Leben, mit denen haben wir einfach „die gleiche Wellenlänge", wie wir sagen, von denen fühlen wir uns verstanden mit unseren Gedanken, mit unseren Hoffnungen und Fragen. Und immer wieder gibt es Menschen, die geben uns wichtige Anstöße zum Weiterdenken, zum Weiterleben. Zufall? Wie oft erzählen Menschen von solchen Zufällen, die sie zum Beispiel in eine Kirche geführt haben. So hat es mir neulich erst jemand erzählt „Da war damals nach dem Gottesdienst beim Teetrinken eine Frau, die hat mich gefragt, ob ich denn neu hier bin und ob ich schon öfter hier war. Und dann haben wir eine ganze Weile geredet. Ich habe mich richtig willkommen gefühlt.". Ich bin ziemlich sicher, diese Frau weiß das schon gar nicht mehr. Aber nun kommt dieser Mensch schon seit Jahren immer wieder hierher. Oder es kam jemand hier herein, als die Kirche offen war, und gerade da hat ein Organist ein Lied gespielt, das diesen Besucher an etwas erinnert und tief berührt hat. Und der Organist selbst hat gar nichts davon bemerkt und gar nichts beabsichtigt - und doch war es so wichtig. „Da sprach der Engel des Herrn zu Philippus: geh an die Straße …." Ist das übertrieben, das zu vergleichen? Gab es so einen Philippus nicht auch schon für uns ?

Waren da nicht auch Engel im Hintergrund tätig? War das nicht auch ein Plan des Himmels? Und lassen Sie mich auch die andere Frage stellen: sind wir nicht vielleicht auch selber schon einmal ein solcher Philippus gewesen: Begleiter, Anstoßgeber, ganz ohne es zu merken und zu wissen? „Da sprach der Engel des Herrn...." – Ganz im Ernst: wer will das eigentlich mit Sicherheit ausschließen?

Im Rückblick können wir unser eigenes Leben ansehen oder beschreiben, wie die Fahrt dieses Kämmerers, dieses Schatzmeisters der Königin, oben auf dem Wagen. Wir sind unterwegs, haben vielleicht auch einen Schatz zu verwalten und sind doch auf der Suche. Und immer wieder einmal steigt jemand zu, fährt eine Weile mit - und steigt irgendwann wieder aus. Die Eltern, die Geschwister, Lehrerinnen und Lehrer, Freundinnen und Freunde. Manche Menschen, die uns im Lauf des Lebens wichtig wurden. Gefährten auf dem Weg, oft so hilfreich. Wenn sie aussteigen, mögen wir traurig sein, dass der gemeinsame Weg schon vorbei ist, aber auch dankbar für das wir erfuhren. Aber dann kommt wieder jemand anders zu uns auf den Wagen. Und wir sehen: diese Reise hat eine Art inneres Ziel. Nämlich: das Geheimnis zu verstehen, das unser Leben im Innersten zusammenhält. In unserem Predigttext ist es kurz beschrieben in den uralten Worten des Propheten Jesaja, in denen der christliche Glaube erkennt, was Jesus für uns Menschen getan hat.

Wahrscheinlich haben sie lange miteinander geredet und wir haben in dieser Geschichte nur eine ganz kurze Zusammenfassung eines sehr intensiven Gesprächs. Aber irgendwann gab es diesen Moment, da wurde es dem Schatzmeister der Königin klar. Und als sie dann, mitten auf dieser öden Straße an einem kleinen Wasserlauf vorbeikommen, da sagt er: „Hier ist Wasser, was hindert's, dass ich mich taufen lasse?" Und da ist es, als ob er am eigentlichen Ziel seiner Reise angekommen ist. Und er kann unbeschwert und voll Freude weiterziehen.

Diese Erzählung von der Reisebekanntschaft des Kämmerers mit dem Apostel Philippus ist zugleich auch eine Geschichte vom Wesen und Auftrag der christlichen Gemeinde, eine Geschichte von der Gemeinschaft der Christen. Wir müssten doch einmal darüber reden, sagte kürzlich jemand, was eigentlich die Aufgabe der Kirche in unserer Zeit ist. Da werden Kirchen geschlossen und Gemeinden zusammengelegt und andererseits werden große Ereignisse und Projekte geplant – aber worauf kommt es eigentlich an für die Kirche in unserer Zeit?

Ich finde, diese Geschichte gibt dafür wichtige Anregungen und Markierungspunkte. Wir sind nicht allein „auf dem Wagen unseres Lebens". Das ist Kirche, das ist Gemeinde. Wie sollten wir auch die Rätsel unseres Lebens verstehen, wenn uns nicht jemand anleitet? Wie gut also, dass Andere mitfahren. Dass sie mit uns reden und schweigen, beten und singen, dass sie mit uns die Fragen und Rätsel aushalten. Seelsorge könnte man das nennen, wirklich Sorge für die Seele des Anderen. Das macht Gemeinde und christliche Gemeinschaft aus. Die Stimme des Engels oder die Anregung Gottes wahrzunehmen und dann auch hinzugehen an die Straße, und ein Stück mit dem Anderen zu fahren. Sich auf die Rätsel einzulassen, die den Anderen gerade beschäftigen. Und an diesen Rätseln nicht zu verzweifeln, sondern darin den Glauben an Jesus zu entdecken, freizulegen sozusagen das Geheimnis des Glaubens auch in unserer Zeit. Damit dieser andere Mensch und damit auch wir selber unsere Straße fröhlich ziehen können. Ja, so könnte ich mir Kirche denken, miteinander unterwegs sein, auf dem Wagen sozusagen.

Bald, liebe Gemeinde, bald ist wieder Reisezeit. Viele werden dann unterwegs sein. Manche auch zuhause. Wo immer Sie persönlich sind, und wo immer die Straße Ihres Lebens Sie hinführt, ich wünsche Ihnen Menschen, die der Himmel zu Ihnen schickt. Die Ihnen eine Weile zur Seite sind und Ihnen Anstöße geben, das Buch des Lebens zu verstehen. Die mit Ihnen das Geheimnis des Glaubens entdecken, das uns trägt und unsere Welt mit all ihren Gefahren und Gegensätzen im Innersten zusammenhält. Ich wünsche Ihnen Menschen, die dazu beitragen, dass auch Sie Ihre Straße fröhlich ziehen können. Amen

Nicht mehr lernen, Krieg zu führen
Zu Jesaja 2, 2-4 am 3.8.2014 (Gedenkgottesdienst 100 J. Erster Weltkrieg)

„…und sie werden hinfort nicht mehr lernen, Krieg zu führen."

Liebe Gemeinde,
„…und dann ging alles ganz schnell." Ob im Sommer 1914 in Europa oder heute im Nahen Osten, das ist wohl ein Teil des Schreckens, der Krieg ausmacht. Dass alles so schnell geht. So unkontrolliert. Dass sich die Spirale von Gewalt und Gegengewalt in einem so atemberaubenden Tempo hochschraubt. Dass keine Zeit zum Atemholen bleibt oder zum Nachdenken. Und erst recht keine Zeit, um etwas zu lernen aus dem, was gerade passiert ist.

Sehen wir uns an, was geschehen war, damals vor hundert Jahren - zwischen dem Attentat Ende Juni in Sarajewo und dem tobenden Krieg Mitte August 1914. Was auffällt, ist dieses ungeheure Tempo in den ersten Augusttagen. Ein Land nach dem anderen erklärte den Krieg, machte die Truppen mobil oder marschierte in ein anderes

Land ein. Und schon waren Hunderttausende getötet oder schwer verwundet. Keiner, auch nicht die Kirche fand Worte, die Gewalt zu stoppen. Im Gegenteil. Wissenschaftler, Künstler, Politiker und Kirchenleute stimmten in die Kriegsbegeisterung mit ein. Am Ende des Kriegs zählte man 17 Millionen Tote. Und wenn wir heute die Geschehnisse in Israel und Palästina sehen, in der Ukraine oder in Syrien – was auffällt, ist ein ähnliches ungeheures Tempo. Gewalt und Gegengewalt ohne Pause.

Konflikte kann es geben, ja. Interessengegensätze, wodurch auch immer. Auch Attentate und Terroranschläge kann es geben, leider Gottes, ja. Gegen Terroristen und Kriminelle kann sich niemand hundertprozentig schützen. Aber es ist dann doch noch die Frage, wie wir darauf reagieren. Um es mit den Worten aus dem Propheten Jesaja zu sagen: Dass wir nicht als erstes lernen, Krieg zu führen. Sondern genau anders herum: dass wir vor allem lernen, *nicht* Krieg zu führen – darauf käme es an. Auch in solchen Situationen. Dass wir lernen, die Konflikte anders zu bearbeiten und zu lösen. Dass wir lernen, auf Terror nicht mit ungebremster Gegengewalt zu reagieren, das wäre wichtig. Aber wie und wo lernen wir das?

Die Kugeln von Sarajewo hatten Österreich-Ungarn damals ins Mark getroffen. Und ebenso hat die Entführung und Ermordung der drei israelischen Studenten das Land Israel ins Mark getroffen. Bei allem, was jetzt auch kritisch über die Politik Israels gesagt wird, darf das nicht vergessen werden. Das war der Auslöser. Aber die, die darauf reagierten, hatten nicht gelernt, damit umzugehen. Sie hatten nur gelernt, kriegerisch zu antworten und mit Gegengewalt. Sie kannten nur die Sprache der Vergeltung, nicht aber die der Versöhnung. Wie und wo lernen wir die?

Vom Propheten Jesaja hören wir: Der Berg Gottes in Jerusalem ist der Ort, an dem das zu lernen wäre: Versöhnlich aufeinander zuzugehen und in Frieden miteinander zu leben. Dieser Brennpunkt der Weltgeschichte und ihrer Konflikte, dieser Berg in Jerusalem ist ein Ort der Suche nach Gott. Für Juden, Muslime und Christen gleichermaßen.

Wer auf einen Berg steigt, für den sieht die Welt anders aus. Der sieht alles in einer anderen Perspektive. Der Berg in Jerusalem ist ein Ort der Suche nach Gott, gleichzeitig aber auch ein Ort weltweiten Lernens miteinander. Schon in den Worten des Propheten Jesaja im 7. Jahrhundert vor Christus ist das beides im Blick. Da sieht der Prophet, was wir heute sehen, was uns täglich durch die Medien vor Augen geführt wird. „Und die Völker werden herbeikommen zum Berg Gottes in Jerusalem." Aber anders kommen sie in dieser Vision, anders als heute. Nicht in feindseliger Absicht, nicht besitzergreifend, nicht kriegerisch gesinnt. Sondern um Gott zu suchen. Um auf ihn hören. Um von ihm Frieden zu lernen. „Dass er uns lehre seine Wege…"

Ja, liebe Gemeinde, der christliche Glaube und jede Religion hat es mit Lernen zu tun und mit Lernprozessen. Und das ist wichtig. Das Hören auf Gott müssen wir erst lernen, die Entdeckung einer Dimension, die über das Sichtbare hinaus geht. Die Geschichte und die Geschichten des eigenen Glaubens müssen wir erst kennen lernen: von der Erschaffung der Welt und von der Befreiung aus der Sklaverei, von der Geburt Jesu und von seinem Leben, von seinem Tod und seiner Auferstehung für uns. Und schließlich auch: die Werte und Maßstäbe müssen wir erst kennen lernen, die er uns gegeben hat. Nach denen unser Miteinander-Leben gelingen kann. Unvergessen, als er selber, Jesus, als er auf den Berg gestiegen war und zu den Menschen diese bis dahin völlig ungewohnten Worte sprach. Die ganze Welt sieht anders aus in dieser Perspektive: Selig die Sanftmütigen, sie werden das Erdreich besitzen, die Barmherzigen, die Frieden stiften. Kinder Gottes werden sie heißen. Vom Berg Gottes betrachtet, sehen wir die Welt in einem ganz anderen Licht.

„Kommt, lasst uns auf den Berg Gottes gehen, dass er uns lehre seine Wege… Und Gott wird richten unter den Völkern und wird viele Völker zurechtweisen." Ja, zurechtweisen, das kann man sich vorstellen. Nach all dem was geschehen ist. Uns Deutsche als erstes, aber auch die Russen und die Amerikaner, die Israelis und die Palästinenser und viele, viele andere. Zurechtweisen viele Völker. Ich weiß, das hört niemand gern - wer lässt sich schon gern zurechtweisen! Aber auch das gehört ja zum Lernen dazu. Dass man sich etwas sagen lässt. Dass man Fehler einsieht. Aber auch dass man Fehler nachsehen kann und verzeihen, auch das. Lernen können wir nur gemeinsam. Zu sagen: Es tut mir Leid. Da habe ich zu schnell reagiert. Mit der unüberlegten Bemerkung heute Morgen am Tisch. „Frieden fängt schon beim Frühstück an", haben wir vorhin gehört. „Es war ein Fehler." „Es tut mir Leid." Aber eben auch, wenn beim Vergeltungsangriff Bomben auf Schulen geworfen werden. Keine Frage: das sind Fehler, schwere Fehler. Nur das Eingeständnis eigenen Fehlverhaltens kann die Spirale der Gewalt stoppen, im persönlichen Konflikt genauso wie in den Spannungen weltweit.

Lernen also. Sie werden ab jetzt nicht mehr lernen Krieg zu führen. Noch einmal, ich sag's lieber positiv: sie werden *ab jetzt lernen, nicht mehr Krieg zu führen.* Sie werden andere Strategien einüben. Wie man Schwerter zu Pflugscharen macht, etwa. Wie man die Instrumente der Zerstörung in Werkzeuge des Aufbaus verwandelt. Wie man Spieße umschmiedet zu Sicheln. Was früher verletzen konnte, wird verwandelt, so dass es zu einer guten Ordnung helfen kann. Ob das möglich ist? Und ob es möglich ist, auch Worte, auch unsere Worte so zu verwandeln, dass sie nicht mehr verletzen oder kränken und dann neuen Hass auslösen - sondern so zu verwandeln, dass sie Vertrauen stiften - Ob das möglich ist? Man müsste es einüben, ja, einfach einüben, wie das geht. Fehler eingestehen und Fehler zu verzeihen. Worte lernen, die einen neuen Weg zueinander eröffnen. Ob das geht?

Viele Menschen beurteilen das kritisch. Die Einstellung, dass man ja gegen Krieg und Gewalt doch nichts machen kann, ist weit verbreitet. Und ich will ganz ehrlich sagen: ich kann diese Einstellung verstehen. In den Nachrichten über die gegenwärtige Weltlage kommt nicht viel vor, was zu Hoffnung Anlass gäbe. Dennoch: mir scheint diese pessimistische Haltung, verzeihen Sie, wenn ich das so deutlich sage: mir scheint sie einfach zu bequem. Denn es ist doch klar: wer meint, dass man nichts machen kann - der muss ja dann auch nichts machen. Der entbindet sich sozusagen selbst von der Pflicht, zum Frieden etwas beizutragen. Wer Versöhnung für unmöglich hält, der entbindet sich sozusagen selbst von der Aufgabe, den ersten Schritt zur Versöhnung zu gehen. Wer sagt, dass der Berg ohnehin zu hoch ist, der entbindet sich sozusagen selbst von der Einladung, zum Berg Gottes aufzubrechen. Der Glaube aber, der von Jesus Christus herkommt, ist anders. Der glaubt alles, der hofft alles, der duldet alles, so hat Paulus es einmal sagt (1. Kor. 13,7). Aber bequem macht er es sich nicht. Sondern der bricht auf. Der geht – auch gegen die eigenen Zweifel - den ersten Schritt. Als wäre es klar, dass das Ziel erreichbar ist.

Lernen also. Lebenslang lernen, nicht Krieg zu führen. Das ist eines der großen Geheimnisse des Friedens, das uns hier mitgeteilt wird. Und für solches Lernen sind mehrere Dinge erforderlich:
Erstens. Lernen braucht Zeit. Eine Pause von den Worten oder Taten der Gewalt. Dafür muss die Atemlosigkeit der Reaktionen unterbrochen werden.
Zweitens. Lernen braucht die Bereitschaft für neue Erfahrungen. Wer meint, schon alles zu wissen, der braucht keine Erneuerung.
Drittens. Lernen braucht die Bereitschaft zur Selbstkritik. Wer meint, keine Fehler zu haben, wer meint immer recht zu haben – der kann den Frieden nicht lernen. Nur wer sich etwas sagen, wer sich zurechtweisen lässt, der hat eine Chance.
Viertens. Lernen braucht die neue Perspektive, den Berg, in dem alles in einem anderen Licht erscheint. Lernen braucht das Licht Gottes, das in Jesus da war und die Welt in ein neues Licht gestellt hat. Fünftens. Learning by doing. Das gilt besonders für den Weg des Friedens. Lernen geschieht, in dem wir schon tun, was wir lernen möchten. Jeder Schritt, den wir gehen, stärkt unser Vertrauen, dass der Weg zum Ziel führt. Amen

Warum der Pessimismus es schwer mit dem Glauben hat
Zu Jeremia 31, 31-34 am 4.8.2013 (10. So. nach Trinitatis)

Liebe Gemeinde,
ein neuer Bund wird verheißen. Ein neuer Anfang also, der aber das Frühere nicht einfach aufgibt und schon gar nicht zerstört, sondern der das Frühere fortsetzt, der es aber doch wesentlich verändert und neu gestaltet. Ein neuer Bund, das bedeutet einerseits Kontinuität und Zuverlässigkeit, das bedeutet andererseits aber auch neue Impulse und neue Gedanken.

Ich finde, das Versprechen so eines neuen Bundes passt gut in diese Tage Anfang August hinein. Viele von uns - so auch ich - hören diese Worte in der Phase des Wiederbeginns der Arbeit nach dem Sommerurlaub. Wir merken es ja alle an vielen Kleinigkeiten, dass der Alltag wieder zurückkehrt: die Schlangen an den Kassen werden wieder länger, die Parkplätze wieder weniger, und viele sagen: bald geht die Tretmühle wieder los. Aber nun hören wir diese alte Verheißung: „Ich will mit euch einen neuen Bund schließen." Und wer das gehört hat, der kehrt nicht einfach so in Pflicht und Routine zurück, sondern der fängt mit dem Herzen neu an. „Ich will mein Gesetz in ihr Herz geben" sagt Gott, „und will es in ihren Sinn schreiben." Das wäre doch etwas, liebe Gemeinde, wenn wir in diesem Sinne mit dem Herzen zurückkehren können in unsere jeweiligen Aufgaben in Beruf oder Schule, zuhause oder in einer ehrenamtlichen Aufgabe. Dass wir also nicht nur weitermachen, was immer schon so war, nicht nur die Tretmühle weiter bedienen, sondern in all diesen Aufgaben neu auf unser Herz hören und mit dem Herzen dabei sein können in allem, was wir tun. Ein, wie ich finde, verheißungsvolles und Zuversicht gebendes Wort.

Und ebenso kann dieser alte prophetische Text Verheißungskraft enthalten und entfalten für viele Menschen, die sich gerade in schwierigen Übergängen befinden, in Krisen und Veränderungsprozessen, sei es persönlich oder auch in einer Gemeinschaft. Ich denke dabei an Jugendliche, die nach der Schule mit einer Ausbildung anfangen, an Menschen, die mit gesundheitlichen Problemen oder mit dem Verlust und Trennung zu tun haben. Ihnen allen gilt das Wort von einem guten neuen Anfang.

Ich denke gerade heute auch an die Menschen in der Willehadigemeinde in Hannover-Garbsen, deren Kirche in der vergangenen Woche - vermutlich durch einen Brandanschlag - völlig ausgebrannt ist und die heute Vormittag in einem Trauergottesdienst nach Trost und Wegweisung in dieser Lage suchen. „Gott sagt: Ich will mit euch einen neuen Bund schließen." Das ist eine Verheißung über all das hinaus, was Gremien und Kirchenleitungen versprechen oder planen können. Es geht weiter, auch mit der Kirchengemeinde dort in diesem in vieler Hinsicht besonders schwierigen Stadtteil von Garbsen.

Oder ich denke auch an unsere römisch-katholische Schwesterkirche, die von dem neuen Papst Franziskus schon viele neue Impulse, ja, man kann sagen, geradezu Aufbruchssignale bekommen hat, die bis vor kurzem noch völlig undenkbar waren. Am tiefsten Punkt der Krise kann Gott neue Anfänge schenken. Das ist die Erfahrung des Volkes Israel durch die Jahrtausende hindurch bis heute. Das ist aber auch der Kern des Glaubens an Jesus Christus, den Gekreuzigten und Auferstandenen. Das ist die Quelle des Glaubens, der von Ostern gehört hat: tot ist nicht tot. Ende ist nicht Ende. „Sondern siehe, es kommt die Zeit, sagt Gott, da will ich einen neuen Bund schließen." Darum hat der Pessimismus es so schwer mit dem Glauben. Weil es im Glauben immer wieder diesen Gedanken, diese Verheißung, diese Inspiration der Hoffnung gibt: ein neuer Bund, von Gott geschenkt, über alles Planen und Erwarten hinaus.

Und in den Worten des Propheten Jeremia wird dieser „neue Bund" im Unterschied zu dem früheren sehr genau beschrieben. Dieser Bund, ich will das noch einmal vorlesen, soll nicht sein, „wie der Bund gewesen ist, den ich mit ihren Vätern schloß, als ich sie bei der Hand nahm, um sie aus Ägyptenland zu führen, ein Bund, den sie nicht gehalten haben, obgleich ich ihr Herr war, spricht der Herr, sondern das soll der Bund sein….: ich will **mein Gesetz in ihr Herz geben** und **in ihren Sinn schreiben**, und sie sollen mein Volk sein, und ich will ihr Gott sein." Zwei verschiedene Bilder werden uns da vor Augen geführt: entweder „an der Hand halten" – oder „ins Herz geben". Heutige Psychologen oder Pädagogen nennen das den Unterschied zwischen einem **außengeleiteten** Leben und Glauben oder einem Leben und Glauben, das **von innen** heraus wächst und sich entfaltet. Außengeleitet oder innengeleitet – darum geht es. Der neue Bund, so lernen wir bei Jeremia, der neue Bund soll nicht so sein wie der alte. Da hat Gott sie an der Hand gehalten und die Freiheit geführt. Das war toll – die Befreiung aus der Sklaverei – das Urerlebnis des jüdischen Glaubens, wunderbar. Aber diesen Bund haben sie nicht gehalten. Von dieser Hand haben sie sich gelöst, haben sich immer wieder von Gott entfernt, bis er es leid war, ganz einfach gesagt. Er war enttäuscht, verletzt, zornig auch. Aber irgendwann hat er seine Enttäuschung überwunden. Und sagt nicht mehr: ich bin es leid, macht euren Kram alleine, sondern er sagt: Moment mal. Das muss ein anderer Bund sein. Das muss anders gehen. Dieser Bund, diese Freundschaft zwischen Gott und seinem Volk kann doch nicht nur Pflicht und Routine sein, nicht nur an der Hand halten – sondern das muss von selber kommen, von selber wachsen. „Ich will mein Gesetz in ihr Herz geben und in ihren Sinn schreiben…" Das finde ich beeindruckend.

Mütter und Väter, die ihre Kinder ins Leben begleiten möchten, müssen ihre Kinder an der Hand halten, das ist wichtig. Auf den Armen tragen sogar, und nicht zu wenig, das ist unbedingt nötig. Aber eben nur eine Zeit lang. Irgendwann müssen Mutter und Vater die Hand des Kindes loslassen. Irgendwann müssen wir unsere Kinder allein laufen lassen. Wir können sie nicht festhalten. Aber wichtig ist, was wir ihnen „ins Herz geben" und was im Herzen ankommt von Euch Eltern bei Euren Kindern. Die Liebe, das Zutrauen, die Erfahrung von Geborgenheit und Freiheit. Das wird es sein, was ihnen hilft, den Weg zu finden. In den Krisen die neuen Anfänge zu entdecken und im Dunkel das Licht. Das Licht der Welt, das in der Taufe entzündet wird, geht ja in der Ferne vor uns her, sondern leuchtet in uns drin - es ist uns ins Herz gegeben.

Die Taufe und das Abendmahl sind im christlichen Glauben die beiden großen Symbole für diesen neuen Bund Gottes mit uns Menschen. Und nun könnte man dieses Wort „Bund" auch anders übersetzen zum Beispiel als „Bündnis" oder als „Freundschaft" oder auch als „Vertrag". In seinen größten Krisen hat Martin Luther sich an seine Taufe erinnert. An den festen Bund der Freundschaft und Treue Gottes. „Baptismus sum" hat er in seinen Holztisch auf der Wartburg geritzt, als er vor Angst verging. „Ich bin getauft." Daran hat er sich festgehalten, daraus hat er Kraft und Mut geschöpft. Genauso hören wir immer, wenn wir Abendmahl feiern, die Worte Jesu von dem „neuen Bund in seinem Blut". Jedes Mal werden wir darin wieder der Freundschaft und Treue Gottes vergewissert. Ob wir nun jeden Sonntag daran teilnehmen und es uns immer wieder sagen lassen, oder ob wir nach vielen Jahren der Distanz zum Glauben oder nach Zeiten der Gottverlassenheit irgendwann wieder da sind und es hören: das ist der neue Bund in meinem Blut, für dich vergossen, für dich. Es ist das alte Versprechen, das uns dann erreicht und uns neu auf den Weg bringt. Und manchmal ist es tatsächlich wie ein guter, neuer Vertrag. Ein Vertrag, der uns nicht in eine äußere Pflicht ruft, sondern der uns auf eine innere Kraft aufmerksam macht, die uns geschenkt wird – in diesem Moment. Für dich gegeben.

Der Neubeginn der Kirche fängt in den Seelen der Menschen an, so hat es vor fast hundert Jahren der katholische Theologe Romano Guardini gesagt. Nicht von außen geleitet also, nicht in strengen Verboten, gegenseitigen Belehrungen und kleinlich beachteten Äußerlichkeiten. Sondern von innen her wächst dieser Glaube, in Liebe und Vergebung, Barmherzigkeit, und von innen her wächst diese Kirche. Aber sie wächst. Gebe Gott auch in uns allen und auch in dieser Gemeinde.

Ich will zum Schluss noch einen Gedanken hinzufügen. Es kann sein, dass wir manchmal das Gefühl haben, dass Gott uns nicht mehr an der Hand hält. Ja, es kann uns vorkommen, als habe er uns ganz losgelassen. Und vielleicht fühlen wir uns in manchen Momenten völlig auf uns selbst gestellt. Heute wollen wir es uns sagen lassen: seine Kraft geht mit uns, sein Gesetz der Liebe und Barmherzigkeit und Hoffnung, es ist „in unser Herz gegeben" und „in unseren Sinn geschrieben". Wir können es hören. Wir können es lesen. Wohin wir auch gehen: ganz innen geht es mit uns. Amen

Mit Gott das Leben neu erfinden
Zu 1. Korinther 3,9-11 und Markus 7, 31-37 am 7.9.2014 (12.So.nach Trinitatis)

Liebe Gemeinde,
„wir sind Gottes Mitarbeiter." Dieser erste Satz aus dem eben gehörten Predigttext hat mich unmittelbar angesprochen, als ich aus dem Urlaub in die Arbeit kam. Zugegeben, es ist immer eine besondere Situation, nach dem Urlaub wieder anzufangen, wer kennt das nicht. Für mich war das in diesem Jahr aber aus einer bestimmten Perspektive doch etwas Besonderes. Selten habe ich das Weltgeschehen als so aus den Fugen geraten wahrgenommen wie in den letzten Wochen. Und ich vermute, das geht vielen von Ihnen ganz ähnlich. „Die Welt wütet", war irgendwo in einer Zeitung zu lesen. Die Kriege in der Ukraine und Syrien, der Terror im Nordirak und der Völkermord an den friedlichen Jesiden, die brutal vollzogenen Hinrichtungen der zwei Journalisten, dies alles und noch mehr türmt sich zu einer Gemengelage auf, vor der man am liebsten die Augen und Ohren verschließen möchte, für die sich kaum Worte finden lassen. Aber Gott will unsere Augen und Ohren öffnen und auch unseren Mund.

Wer sind wir als Kirche in dieser Weltsituation? Was ist unser Auftrag und unsere Aufgabe? Das, in etwa, waren meine Gedanken, als ich aus dem Urlaub zurückkehrend, den Predigttext las. Und dann dieser Satz: „Wir sind Gottes Mitarbeiter."

Vielleicht sagen Sie: das ist jetzt aber ganz schön steil und etwas übertrieben. Denn - wie sollte das gemeint sein? Und können wir denn das, was Paulus von sich sagt, einfach auf uns selber beziehen?

Nun, ich vermute, es ist für jeden, der aus dem Urlaub in die Arbeit oder in den Alltag zurückkehrt, sehr wichtig, sich neu darüber klar zu werden: was ist eigentlich die Aufgabe, was ist mein Job. Und wenn man mit etwas Abstand darüber nachdenkt, dann fallen vielleicht manche überflüssigen Dinge weg wie unnützer Ballast, und oft ist das auch gut so. Manches tritt in den Hintergrund, was sich zu übermäßiger Wichtigkeit vorgedrängt hatte, manche Prioritäten werden aber auch deutlicher. Es ist ein wichtiger Moment, eine Art Reinigungsprozess manchmal und eine Konzentration auf das Eigentliche. „Wir sind Gottes Mitarbeiter."

Im Grunde ist das eine Arbeitsplatzbeschreibung in Kurzform. Aber mit Verlaub, nicht nur für hauptamtlich in der Kirche Tätige, sondern für alle, die in dieser Zeit Christenmenschen sein wollen. „Wir sind Gottes Mitarbeiterinnen und Mitarbeiter", wir alle. Eine Beschreibung des Auftrags und der christlichen Identität in Zeiten wie diesen.

Und dieser Auftrag, schauen wir einmal genau hin, verlangt nichts Unmögliches von uns. Aber er weist uns einen Platz zu, und zwar in zweifacher Weise. Das erste: es ist klar, wer der **Chef** ist. Mitarbeiter Gottes sind wir. Die Führungsfrage kann insoweit als geklärt angesehen werden. Das soll uns leiten. „Führe mich o Herr und leite meinen Gang nach deinem Wort…" Ihr Konfirmanden kennt das, das haben wir oft am Anfang des Unterrichts gebetet. Genau darum geht es. Dass wir nicht nur unsere eigenen Ideen, Bedürfnisse und Ziele in den Vordergrund stellen. Sondern dass wir bereit sind, uns auch korrigieren zu lassen von einer Instanz außerhalb unserer selbst. Dass wir bereit sind werden, uns an Gott und seinem Wort zu orientieren.

Und dann das zweite. Wir gehören zu einem **Team.** Zum einen in der Gemeinde. In der kleinen Gruppe, mit der wir uns besonders verbunden fühlen, Lektoren, Chor, Gute-Nacht-Kirche, Seniorenteekreis - aber auch in der Gemeinde insgesamt. Und nicht nur das: auch über die Grenzen der Gemeinde hinaus. Mit den Nachbargemeinden, dem Stadtkirchenverband, der Landeskirche, ja, mit den Christinnen und Christen weltweit in den verschiedenen Konfessionen. Es kann Meinungsunterschiede geben, Konkurrenzen, auch Streit, keine Frage. Aber dieses Team soll doch immer wieder zusammenfinden, und darauf sollen wir achten. Das war auch bei Paulus und den anderen Aposteln so. „Ich habe den Grund gelegt", sagt er, „ein anderer baut darauf weiter, und wieder noch ein anderer auch, jeder auf ganz eigene Weise. Aber die Grundlage, die ist doch dieselbe und soll dieselbe sein. Einen anderen Grund kann niemand legen als den, der gelegt ist, welcher ist Jesus Christus."

Natürlich: wir müssen uns immer wieder fragen, ob das, was wir in der Gemeinde und in den Gruppen tun, ob das dieser Grundlage entspricht, ob es dazu auch passt. Das ist das Zentrum, das ist sozusagen der Markenkern. So wie einem

Mitarbeiter bei VW im Einstellungsgespräch einmal gesagt wurde: „Sie können bei uns machen, was sie wollen, aber am Ende muss ein Auto dabei rauskommen." Auf das Team des Glaubens übertragen: Sie können bei uns alles machen, aber am Ende muss es Christus dienen. Und daraufhin müssen wir uns sicher immer wieder befragen lassen und vielleicht auch mal Andere befragen: ist das eigentlich so? Und müssen uns gemeinsam daran erinnern: wir sind nicht irgendein Verein. Wir sind Gottes Mitarbeitende.

Aber was denn, was ist nun die Aufgabe, was sollen wir denn als solche Mitarbeiter Gottes in unserer Zeit tun?

Je länger ich über diese Frage nachdenke, kommt mir immer wieder das Evangelium des heutigen Sonntags in den Sinn. Diese wunderbare Erzählung von der Macht des Glaubens. Durch die der Taubstumme geheilt wird. Von dieser Macht des Glaubens, die Sprachlose zum Sprechen und Verschlossene zum Hören bringt. Und ich denke, ja, darum geht es. Darum geht es an so vielen Stellen in unserer Welt.

Es gibt ja viele Arten taub oder stumm zu sein. Manche Menschen müssen von Geburt an mit einer Hör-und Sprachbehinderung leben. Manche haben durch eine schlimme Krankheit die Sprache oder das Gehör verloren. Diejenigen unter uns, die aufgrund des Alters nicht mehr so gut hören, wissen wie das ist. Wie man sich allzu leicht ausgeschlossen fühlt aus der Gemeinschaft. Wir sind Mitarbeitende Gottes: diesen Menschen Wege zu bahnen, dass sie wieder einbezogen werden, dass sie dazugehören.

Es gibt aber auch Menschen, denen ein schweres persönliches Leid die Sprache genommen hat. Trauer, Krankheit oder anderes. In seinem Buch „Die Erfindung des Lebens" erzählt Hanns-Josef Ortheil auf bewegende Weise von einer Frau, die durch eine schwere Lebensgeschichte stumm geworden war, und die dieses Stummsein auch auf ihren kleinen Sohn übertragen hatte. Ganz langsam, nach und nach, durch unendlich viele kleine Hilfen, durch Schreiben, durch Musik, durch intensives Naturerleben und durch eine gute Gemeinschaft entsteht die Sprache neu. Die Erfindung des Lebens.

Wir sind Gottes Mitarbeitende. Auch und gerade für die Menschen am Rand der Gemeinschaft, die es schwer haben, Worte zu finden und die doch jemanden brauchen, der ihnen geduldig zuhört und auf diese Weise hilft, wieder sprechen zu lernen.

Jesus nahm den Taubstummen beiseite. Unter vier Augen. Man denkt, nun haben die miteinander geredet. Aber der konnte ja gar nicht reden. Was haben die denn gemacht? Wahrscheinlich hat ihn deshalb nie jemand zur Seite genommen. Weil alle sich das fragten: was soll man mit ihm reden. Dabei sein kann er, okay, er stört nicht. Aber unter vier Augen?

Aber Jesus macht das. Ich stelle mir das vor: er sieht ihn an. Er hat Zeit für ihn. Er fühlt mit ihm mit. Spürt, was in ihm vorgeht. Und der merkt das auch. Es gibt so viele Menschen, die das ganz nötig haben. Die das nötig haben, damit sie ihre Sprache wiederfinden. Und noch etwas, etwas sehr wichtiges tut Jesus: er berührt diesen Mann. Legt den Finger in seine Ohren, scheut sich also nicht, die empfindliche Stelle anzurühren. Und Speichel, ja das klingt erst seltsam, aber es war ein üblicher Gedanke in der Zeit: dass Speichel heilen kann. Kennen wir doch: wenn wir als Kinder hinfielen und eine Wunde da war. Spucke drauf, ganz einfach. Wichtig aber ist die Berührung. Nicht im magischen, nicht im esoterischen Sinn. Sondern ganz einfach, menschlich. Eine solche Berührung kann einfach gut tun. Vielleicht erinnern Sie sich an so einen Moment, an eine Umarmung, die Sie getröstet hat, ein Händedruck, der ihnen Kraft gab; an die Hand auf der Schulter, die Ihnen Mut gab. Und dann blickt er zum Himmel. Er, der den Menschen so nahe ist, gerade denen, die leiden. Er ist auch mit dem Himmel fest verbunden. Und so kommt durch ihn die Kraft des Himmels in das Leid dieses Menschen - und heilt es.

Und wir sind Gottes Mitarbeitende. Menschen zum Hören und zum Sprechen zu bringen, vielleicht auch miteinander. Die Beziehungen, in denen Menschen sich festgefahren haben. „Du hörst mir ja doch nie zu", „du verstehst mich sowieso nicht". Völker, die verlernt haben miteinander zu reden an so vielen Stellen in unserer Welt.

Wir sind Gottes Mitarbeitende. Bei diesem Geschehen. Menschen in unserer Zeit zum Hören zu bringen und zum Reden. Miteinander und mit Gott. Nein, wir sind nicht Jesus. Aber in ihm ist der Grund gelegt. Und jemanden zur Seite nehmen, für jemanden Zeit haben - das ginge vielleicht. Jemanden auch in diesem Sinn zu berühren, für ihn zum Himmel zu schauen und zu beten – das könnten wir schon, wir, Gottes Mitarbeitende in unserer Zeit. Das könnten wir vielleicht mehr als wir denken. Amen

Auch am äußersten Meer
Zu Psalm 139   am 16.9.2012

Liebe Gemeinde,
der 139. Psalm ist für mich einer der schönsten Texte der Bibel. Dieses wohl 3000 Jahre alte Gebet aus dem alten Israel berührt Menschen in allen Generationen, und es spricht in ganz verschiedene Lebenslagen hinein. Wenn wir diese Worte hören, entstehen Bilder vor unserem inneren Auge. Da werden Erinnerungen geweckt, vielleicht sehr persönlicher Art. Aber dieses Gebet hinterlässt auch manche Fragen.

Was für ein wunderbares Bild ist das! „Nähme ich Flügel der Morgenröte und bliebe am äußersten Meer, so würde auch dort deine Hand, Gott, mich führen, und deine Rechte mich halten."

Auch am äußersten Meer, auch an den weit entfernten Grenzen unseres Denkens und Fühlens – Gott ist da. Von den extremen Grenzsituationen ist hier die Rede. Von Schmerz und tiefer Trauer, von großer Angst und schwerer Schuld, von Verzweiflung und innerer Zerrissenheit. Viele von uns kennen das, haben das selbst erlebt. Und nun ist in diesem Gebet die Erfahrung aufbewahrt: auch dann ist Gott noch nahe. Sogar dann, wenn wir ihn gar nicht mehr haben wollen, wegwollen, uns verstecken vor ihm. Ja, das gibt es. Ist in Ordnung. Aber er ist da. Um uns und in uns. In der Mitte und an den Rändern des Lebens. Was für ein Vertrauen spricht aus diesen Worten!

Man muss diesen Satz vielleicht einmal ganz nüchtern und rein sprachlich betrachten, um das ungeheure Ausmaß dieses Vertrauens zu verstehen. „Nähme ich Flügel der Morgenröte …" Lange bevor die ersten Flugzeuge über die Welt flogen, haben Menschen vor Urzeiten in ihrer Phantasie entworfen, sie könnten fliegen wie Vögel, mit den Schwingen der Morgenröte. Was wir seit Kolumbus und dann seit Neil Armstrong 1969 erlebt haben und was sich in den Planungen der Flüge zum Mars immer mehr abzeichnet, ist in diesen alten Worten schon gegenwärtig: immer weiter dehnt der Mensch seine Grenzen aus, erweitert sein Denken und Wissen, steigert Bewegung und Geschwindigkeit. Das Bild von den Flügeln der Morgenröte beschreibt auf einzigartige Weise den unendlichen Raum der Ewigkeit. Aber dieser Raum, und das ist die Botschaft dieser Worte, dieser Raum ist nicht leer. Sondern da ist einer, der uns kennt - uns persönlich! - und der uns hält. Da ist Gott.

Selbstverständlich ist das nicht. Sondern immer wieder fraglich, immer wieder auf der Kippe. „Alles ist leer und kalt", schrieb Christoph Schlingensief in seinem <Tagebuch einer Krebserkrankung> „Gott ist nicht da." Ganz ehrlich, liebe

Mitchristen und liebe Gäste, wer von uns würde diese Gedanken nicht auch kennen. Wir können das nicht einfach wegwischen. Wir können höchstens etwas dagegen- oder danebenhalten. Die aufbewahrten Erfahrungen des Glaubens, solche biblischen Worte stehen dagegen. Dass Menschen sich getragen wussten, behütet, noch im schlimmsten geführt. Und natürlich sind hier auch Sterben und Tod mit gemeint und was danach kommt. Und in den einfachsten Worten heißt es: „Bettete ich mich bei den Toten – siehe, so bist du auch da." Mehr nicht, keine Einzelheiten, keine Spekulationen, nur dies. Du bist dann da. Von allen Seiten umgibst du mich – und hältst deine Hand über mir - auch dann.

Zweifellos, der Psalm hinterlässt auch Fragen. Du kannst ihm nicht entrinnen. Auch das sagt dieses Gebet. Auch wenn du fliehen willst. Jona, der Prophet, der dem Ruf Gottes nicht folgen wollte. „Bringt mich um", sagt er, „werft mich ins Meer. Ich habe soviel falsch gemacht. Wohin soll ich nur fliehen?" Viele, denen ein falsches Bild von einem strafenden Gott in die Seele geprägt wurde, die sich verzweifelt davon lösen möchten. Für manchen mag der Gedanke der Allgegenwart Gottes mit zwiespältigen Gefühlen verbunden sein. „Herr, du erforschst mich und kennst mich" – „schreckliche Vorstellung", sagte mir einmal ein junger Mann, der sehr streng erzogen wurde war, „der liebe Gott sieht alles, das kenn ich doch, der guckt sogar unter die Bettdecke." Gegen einen solchen Gott, gegen ein solches Bild von Gott muss man sich wehren, keine Frage. Aber der ist hier nicht gemeint. Der Gott, von dem hier die Rede ist, ist kein Moral-Kontrolleur, der ist ein Liebhaber des Lebens, um es deutlich zu sagen: ein Liebhaber auch dessen, was unter der Bettdecke geschieht, solange es in Liebe geschieht. „Ich danke dir, dass ich wunderbar gemacht bin", schreibt der Psalmbeter, „wunderbar sind deine Werke, das erkennt meine Seele." Und zwar alle seine Werke: von der Schönheit der Morgenröte bis hin zum eigenen Körper mit allem, was dazu gehört.

Und doch ist es kein Kuschel-Gott, sondern immer ein Gegenüber, ein inneres Gegenüber, ein Gefährte auf dem Weg. Der uns wahrnimmt und fragt, uns zuhört und Rat gibt, uns führt und uns hält. Ich denke dabei an ein 14jähriges Mädchen, die hier vor Jahren konfirmiert wurde, ich nenne sie Felina. Ihre leiblichen Eltern kannte Felina sie nicht, aus Pflegefamilien riss sie immer wieder aus. Im Heim hatte sie Probleme, schwänzte oft die Schule und nahm regelmäßig Drogen. Das ganze Programm, ihr Leben war ein ständiges Hin und Her. Aber dann wurde Felina tatsächlich konfirmiert. Und der Spruch, den sich selber ausgesucht hatte, war ein Satz aus eben diesem alten Gebet. „Erforsche mich Gott, und erkenne wie ich´s meine. Und sieh, ob ich auf bösem Wege bin, und leite mich auf ewigem Wege." Es war ganz klar: dieses Mädchen hatte keine Angst vor Gott, aber sie suchte geradezu dieses Gegenüber. Nicht nur kuschelige Geborgenheit suchte sie, sondern auch klare Ansagen und kritische Fragen. Leite mich. Leite mich auf gutem, auf ewigem Wege.

Wir alle brauchen dieses Gegenüber. Und wir brauchen beide Botschaften dieses Psalms: wir brauchen den Trost und die Geborgenheit, brauchen die Flügel der Morgenröte, damit das Schwere leichter werden kann, damit wir uns gehalten wissen in der Weite des Lebens. Aber ebenso brauchen wir das klare Gegenüber, den Gefährten, den Ratgeber, Mahner und Warner. Dass wir mit ihm unseren ganz eigenen Weg finden. Und zwar gerade dann, wenn wir die Welt und unser Leben überhaupt nicht mehr verstehen, wenn wir nur Rätsel um uns sehen. „Wie schwer sind für mich, Gott, deine Gedanken! Wie ist ihre Summe so groß! Wollte ich sie zählen, so wären sie mehr als der Sand: am Ende bin ich noch immer bei dir."

Ich denke bei diesen Worten an einen jungen Mann, der vor vielen Jahren als Teamer im KU mitgemacht hatte und dann nach dem Abitur überhaupt nicht wusste, wie es in seinem Leben weitergehen könnte. Mit einer Delegation aus der Gemeinde fuhr er erst einmal für 4 Wochen nach Südafrika. Und da hat ihn dann der einfache Glaube der schwarzen Christen in unseren Partnergemeinden tief berührt und noch lange in ihm nachgewirkt. Ein paar Wochen später sprachen wir in einer Gruppe über Psalm 139 und er war auch dabei. Ich bat die Teilnehmer, ein Bild zu malen und darin auszudrücken, was sie in den Worten des Psalms besonders angesprochen hatte. Dieser junge Mann malte das ganze Bild voll mit einzelnen Sandkörnern. Dazwischen deutete er nur in Umrissen und ziemlich klein eine Hand an, die mit der Innenfläche nach unten geöffnet war. Als wir uns die Bilder vorstellten und er an die Reihe kam, überlegte er einen Moment. Dann lächelte er. „Der Chef hält seine Hand über mich", sagte er.

Vielleicht wäre es bei Ihnen, liebe Gemeinde, ein anderes Bild, das Ihnen vor Augen ist, das Sie malen würden. Lassen Sie sich ruhig Zeit dafür. Sandkörner am Strand oder Licht in der Finsternis, bergende Hände wie ein Nest, oder die Morgenröte weit hinten am Horizont. Lassen Sie sich Zeit für Ihr eigenes Bild. Lassen Sie sich Zeit dafür und bewahren Sie es in Ihrem Kopf und in Ihrem Herzen. Ich bin sicher, es kann Sie trösten und es kann Sie leiten, wann immer sie es brauchen. Amen

Gott gab uns Atem
Zu 1. Mose 2, 4-15 am 28.9.2014 (15. So.n.Trinitatis)

Da machte Gott der Herr den Menschen aus Erde vom Acker und blies ihm den Odem des Lebens in seine Nase. Und so wurde der Mensch ein lebendiges Wesen.

Liebe Gemeinde,
wie finden Sie diese Geschichte? Ich möchte Sie das zunächst ganz persönlich fragen: Hören Sie diese Geschichte gern, mögen Sie sie? Oder ärgern Sie sich eher so ein bisschen darüber, sind Sie vielleicht befremdet? Welche Gefühle löst es bei Ihnen aus, wenn Sie diese Geschichte bei Ihnen aus?

Ich will das für mich selber ganz ehrlich sagen: ich liebe diese alte Geschichte. Nicht weil ich sicher wäre, dass das alles so und nicht anders passiert ist. Und schon gar nicht, weil ich von Anderen erwarten würde, dass sie für wahr halten was da zu lesen ist. Das alles nicht. Und trotzdem liebe ich diese Geschichte. Und ich habe überlegt, warum das eigentlich so ist. Das möchte ich Ihnen heute erzählen.

Erstens. Was mir gefällt, ist das Spielerische, das Leichte, das beinahe heitere in dieser Erzählung. Es entstehen ja Bilder in uns, wenn wir das lesen oder hören. Da sitzt der liebe Gott am Rand des Ackers, nimmt die vom Nebel feuchte Erde in seine und baut daraus eine Figur. Ich musste dabei daran denken, wie wir als Kinder Schneemänner gebaut haben. Erst große Kugeln rollen für den Bauch, den Rumpf, dann die Arme, das war schon schwieriger, am Ende den Kopf. Und dann, das war etwas Besonderes, die Augen mit zwei Kohlen oder zwei Steinen, eine Karotte als Nase und den Mund aus einem Zweig oder einem kleinen Ast. Das Gesicht hatte dann einen richtigen Ausdruck, jeder Schneemann sah anders aus, einer ganz fröhlich, ein anderer nachdenklich, einer richtig frech. Es war schön, ein schöpferisches und spielerisches Tun.

So ähnlich wird es von Gott beschrieben. Die Freude des Schöpfers an seinem Geschöpf wird nicht direkt benannt, aber sie ist zu spüren. Und dann pustet er ihm in die Nase, und – dieses Geschöpf bewegt sich von selber. Großartig!

Wir haben die Schöpfungsgeschichte einmal mit Konfirmanden nachgespielt. Das Licht mit vielen Kerzen, den Himmel mit vielen Sternen, Mond und Sonne. Als wir an die Erschaffung des Menschen kamen, hat jeder einen Klumpen Knete bekommen, und dann eine Figur daraus geformt. Richtig schön wurde es, als wir dann Zweier-Paare ausgelost haben, die einander zugeordnet wurden und dann von Gott den Auftrag bekamen: seid fruchtbar und mehret euch.... Das war ein großer Spaß für alle, aber weil wir immer wieder aus der Geschichte gelesen haben, wurde es niemals albern, sondern wir haben gespürt, was die Freude des Schöpfers an seiner Schöpfung bedeutet.

Ob es nun genauso gewesen ist oder doch ganz anders, sei einmal dahin gestellt – aber was wir in dieser Geschichte erfahren, ist die Freude des Schöpfers und die Liebe zu seinen Geschöpfen. „Und Gott der Herr pflanzte einen Garten in Eden gegen Osten hin und setzte den Menschen hinein, den er gemacht hatte, dass er den Garten bebaute und bewahrte."

Aber ich liebe diese Geschichte noch aus einem anderen Grund. Also zweitens. Für viele Menschen ist diese Erzählung einer der Hauptgründe, sich über die Bibel lustig zu machen und sie abzulehnen. „Das kann doch gar nicht sein, wissenschaftlich betrachtet ist das völlig unmöglich. Was sind das nur für Texte, was wird uns da zugemutet!"

Ja, in der Tat. Das sind alte, uralte Texte, dieser fast 3000 Jahre alt. Wissenschaftlich betrachtet ist diese Geschichte eine Zumutung. Das sieht aber schon anders aus, wenn wir die zweite biblische Schöpfungsgeschichte dazu nehmen und dann beide Erzählungen miteinander vergleichen. Diese zweite Geschichte ist wahrscheinlich ungefähr 300 Jahre später entstanden, die erste im 9.Jahrhundert, die zweite im 6. Jahrhundert vor Christus. Und diese zweite, also die spätere Geschichte steht im ersten Kapitel des ersten Buchs Mose. Da wird erzählt, dass die Welt in sieben Tagen entstanden ist. Da ist eine Reihenfolge der Schöpfungswerke beschrieben – erst das Licht, dann Himmel und Erde, dann Wasser und Land usw., zuletzt der Mensch. Und es wird nicht genau beschrieben, wie der Schöpfer das gemacht hat. Sondern in dieser späteren Erzählung heißt es immer nur: Gott sprach, und so geschah es, und es war gut so.

Oft wird mir gesagt, wenn über die Schöpfung und den Glauben diskutiert wird, ob ich denn noch nie vom Urknall und von der Evolution gehört habe. Dann frage ich meine Gesprächspartner, was denn wohl *vor* dem Urknall war. Und ich erzähle diese beiden Geschichten. Und dann frage ich weiter, welche Erklärung unsere Wissenschaft wohl in 300 Jahren für die Entstehung der Erde gefunden haben wird hat. Das wird sich massiv verändert haben. Das Wissen der Menschen wird sich rasant weiter entwickeln. In 300 Jahren, ganz im Ernst, werden die Menschen über die Urknall-Theorie und das Internet wahrscheinlich lächeln. Was die alten Geschichten der Bibel aber bewahrt haben und was sie auch für weitere Generationen bewahren, ist doch etwas sehr wichtiges: sie bewahren das Wissen, dass eine gute

Ordnung in der Schöpfung wirksam ist. Sie bewahren den Glauben an die Freude des Schöpfers an seinem Tun. Und sie bewahren das Vertrauen auf seine Liebe zu allen seinen Geschöpfen. Und allein das ist von unschätzbarem Wert!

Noch einmal: ich liebe diese Geschichte. Drittens. Die alte Erzählung vom Menschen als einem gottgemachten Erdenkloß hat eine tiefe Bedeutung für unsere gesamte Weltsicht. Sie zeigt die Bedeutung von Religion im eigentlichen, im wörtlichen Sinne. Das Wort „Re-ligion" lässt sich auch übersetzen als „Rück-bindung". Diese Erzählung zeigt uns, wo wir letztlich herkommen, womit wir letztlich verbunden, worin wir im tiefsten verwurzelt sind. Erde sind wir, vergänglich also, aber doch viel mehr als das, weil wir belebt wurden und belebt werden von Gott. Er gab uns den Atem. In der uralten Geschichte ist es der Erdenkloß, der dadurch lebendig wird. Heute ist es das Kind, das zur Welt kommt und schreiend seinen ersten Atemzug tut. Ein Gottes-Geschenk. Nachher werden wir einen kleinen Jungen taufen, dessen Name genau das bedeutet: Jonathan, Gottesgeschenk, der Atem Gottes macht ihn lebendig. Es ist aber auch jeder älter gewordene Mensch, dem vielleicht manchmal schon ein bisschen die Puste ausgeht, dem aber noch Leben geschenkt ist für eine Zahl von Jahren. Oder es sind die in den mittleren Jahren, die viel Beschäftigten Erwachsenen, die zwischen allen Anforderungen und Anstrengungen außer Atem kommen und mühsam lernen müssen, den gesunden Rhythmus zu finden. Gott gab uns Atem, damit wir leben – das gilt für kleine und große Menschen auf dieser ganzen Erde, jeder einzelne ein geliebtes Geschöpf Gottes. In dieses Leben gerufen, in diesen Garten des Lebens, um ihn zu bebauen und bewahren. Und auch darin schwingt die Freude über die Schöpfung mit, die Liebe zu den anderen Geschöpfen, Menschen, Tiere und auch Pflanzen, Berge und Meer. Jesus hat uns diese Liebe und Freude an der Schöpfung Gottes vor Augen gemalt, wir haben es im Evangelium (Matthäus 6, 25-34) gehört, wie eine Gegenkraft gegen die Sorge und Trauer und Angst und anderes Negatives: seht die Lilien auf dem Felde, die Vögel unter dem Himmel, den Morgennebel an einem Septembertag. Lasst das Schwere für einen Moment los, lasst euch fallen in die Freude an der Schöpfung und lasst euch davon mit neuer Hoffnung erfüllen.

Und schließlich viertens: ich liebe diese Geschichte, weil sie in ganz ungewöhnlicher Weise einen konkreten Ort benennt, den dem sich das zu getragen hat. Namen von Landstrichen werden genannt, Bodenschätze, die dort vorkommen, Flüsse. Euphrat und Tigris, ausgerechnet diese beiden. Es ist das Gebiet des heutigen Irak. Und die Landschaft mit dem Namen Eden liegt im Norden. Dort also haben in uralter Zeit die Erzähler dieses Geschehen lokalisiert. Genau da, wo sich in diesen Tagen furchtbarste menschliche Grausamkeit austobt. Wo wir am liebsten gar nicht hingucken möchten. Kürzlich sagte mir eine Frau, sie könne zurzeit wirklich keine Nachrichten mehr sehen oder lesen, es sei einfach zu schlimm. Und dagegen nun dieses Gegenbild, diese so leichte und so liebevolle Geschichte. Vom Schöpfer, der seine Menschen liebt, unabhängig von ihrer Herkunft und Kultur. Wenn wir diese Erzählung heute hören, dann wollen wir dabei an alle die Menschen denken, die jetzt zwischen Euphrat und Tigris und in der Nähe davon in großer Angst leben und Schreckliches durchmachen, die darauf hoffen, dass bald eine andere Zeit beginnt.

Sie alle sind Gottes Kinder, und auch wir. Leben von seinem Atem, von seiner Liebe und können daraus immer wieder Kraft schöpfen. Tun wir, was er uns aufgetragen hat. Tun wir, was in unseren Möglichkeiten steht, dass der „Garten des Menschlichen" heute bewahrt und auch in Zukunft bebaut wird. Amen

Reden wir über Engel...
Zu Apostelgeschichte 12,7 am 29.9.2012 (Michaelistag)

Und siehe der Engel des Herrn kam herein und Licht leuchtete auf in dem Raum; und er stieß Petrus in die Seite und weckte ihn und sprach: Steh schnell auf! Und die Ketten fielen ihm von den Händen. Apg 12,7

Liebe Gemeinde,
Engel bringen Licht in den Raum. Sie können ganz menschlich aussehen oder auch engelhaft, und sie können auf ganz unterschiedliche Weise wirken. Sie können behüten oder in die Seite stoßen, sie können beruhigen oder auf den Weg bringen, sie können Menschen im Traum erscheinen aber auch aufwecken; sie können einen Weg zeigen, aber sie können sich auch in den Weg stellen. Sie überbringen eine Botschaft in der Nacht und rollen einen Stein vom Grab. Sie können mit Menschen kämpfen, aber sie können uns auch trösten. Aber dies eine haben Engel gemeinsam: sie bringen Licht in den Raum unseres Lebens. Der Engel Gottes lagert sich um die her, die ihn fürchten. Die Engel haben jeweils ein anderes Aussehen, vermitteln eine jeweils andere Stimmung und haben jeweils eine eigene Botschaft und Aufgabe.

Offenbar gibt es heute zunehmend Menschen, die dafür ein Gespür haben und denen das wichtig ist. Engelsdarstellungen und Engelsgeschichten sind seit einigen Jahren wieder sehr verbreitet. Manchmal werden sie sicher auch missbraucht und kommerziellen Interessen dienstbar gemacht. Das ist nicht von der Hand zu weisen, wir erleben es alle. Der Schutzengel der Autoversicherung ist vielleicht das bekannteste Beispiel dafür. Und doch ist der Engelsglaube an sich nicht oberflächlich oder kindisch. So ist zum Beispiel das Psalmwort von den Engeln, die uns behüten und auf den Händen tragen (Psalm 91,11) der in den letzten Jahren mit Abstand am meisten gewählte Taufspruch. Fragt man sich, wie es dazu kommt, so lässt sich nachweisen, dass dieser Spruch seit einem ganz bestimmten Datum so oft gewählt wird, nämlich seit dem 11. September 2001, dem Anschlag auf das World trade center. Hält man sich das vor Augen, dann ist ganz deutlich: die Wahl eines solchen Taufspruchs wurzelt in einem tiefen Lebensgefühl und in einer sehr klaren und vernünftigen Weltsicht. In dem Moment nämlich, als die Welt von einem Tag zum anderen um so vieles unsicherer wurde, in diesem Moment haben viele Menschen wieder angefangen zu beten. Haben im Glauben Zuflucht und Halt gesucht. Aber sie haben diese Zuflucht, wie wir nüchtern feststellen müssen, in den Kirchen oft nicht gefunden. Und darum haben sich manche an esoterische, freikirchliche oder andere Anbieter gewandt. Die religiöse Suche von Menschen ist nicht mehr auf die Kirchen angewiesen. Sie schafft sich zur Not auch ihre eigenen Ausdrucksformen. Wie „Simon and Garfunkel" in ihrem Lied „The sound of silence" (der Klang der Stille) in den 70er Jahren sangen: „The words of the prohets are written in the subway walls and tenement halls ..." Die Worte der Propheten sind an die Wände der U-Bahn und in Wartehallen geschrieben – jedenfalls dann, wenn wir ihnen in unseren Kirchen keinen Raum geben.

Und das ist wichtig. Vor einigen Jahren erzählte mir eine ältere, sehr gebildete Frau von ihren ganz persönlichen Engelserfahrungen. Sie wohnte hier ganz in der Nähe und ich kannte sie schon lange. Aber erst nach Jahren hat sie mir davon erzählt. „Ich sehe ganz oft einen Engel", sagte sie mir. „Meist am späten Abend kommt er an mein Fenster. Und dann rede ich mit ihm, und das tut gut." Sie lächelte, als sie das sagte - wie gesagt, eine gebildete Frau - und dann fügte sie hinzu: „Aber bitte erzählen Sie niemandem davon. Das will ja heute keiner hören." Mich hat die persönliche Erfahrung dieser Frau sehr beeindruckt. Noch mehr aber ist mir die Frage nachgegangen, wie es denn kommen kann, dass Menschen sich sogar innerhalb der Kirche scheuen, über solche tiefen Glaubenserfahrungen zu sprechen, weil sie Angst haben, deshalb von Anderen belächelt zu werden. Woran liegt das? Steht eine einseitig rational orientierte Theologie womöglich einer persönlichen Spiritualität sogar im Weg? Ja, hat am Ende eine vermeintlich zeitgemäße theologische Interpretation des Christentums die persönliche Glaubenspraxis sozusagen in Ketten gelegt? Und das nur deshalb, weil sie sich in ihrer Rationalität vor den unberechenbaren Erfahrungen des Glaubens und vor seiner Wunderkraft fürchtet?

Seit Jahren feiern wir hier in der Dreifaltigkeitskirche einen Gottesdienst zum Tag der Engel. Wir tun das in Anknüpfung an die alte Tradition des Michaelistages vor allem deshalb, weil Erfahrungen mit Engeln zum Glauben dazu gehören können – nicht dazu gehören müssen! – aber weil solche Erfahrungen hier auf jeden Fall willkommen sind. Weil man hier davon reden und in diesem Sinne beten kann. Und übrigens verbinden uns solche Engelserfahrungen auch mit jüdischen und muslimischen Gläubigen. „Die Engel Gottes lagern um die her, die ihn fürchten." (Psalm 34,8) Niemand wird gerade den jüdischen und muslimischen Gläubigen die Gottesfurcht absprechen. Ich finde es ist ein hoffnungsvoller Gedanke, dass die Engel, einfach gesagt, in allen Religionen tätig sind. Und vielleicht brauchen wir gerade in den aktuellen Konflikten zwischen den Weltreligionen wirklich eine höhere Macht, um zu einer Verständigung und gegenseitigen Achtung zu finden. Es müsste doch auch dafür Engel geben, die sozusagen als Boten zwischen den gottesfürchtigen Menschen aus den verschiedenen Religionen und Kulturen etwas bewirken können.

Aber: was können wir dafür tun? Können wir das beschwören oder herbei glauben? Ja, können wir überhaupt auf Gott einwirken und Engel herbeirufen?

Einerseits ist klar: Wir können über Gott nicht verfügen. Er ist immer der Unverfügbare. Er ist es, der den Engeln befiehlt, was zu tun ist, wie es in dem schönen Taufspruch heißt. Immerhin aber erzählt die Geschichte von Petrus im Gefängnis, dass die Gemeinde für den inhaftierten Petrus ohne Aufhören zu Gott gebetet hat. Haben Sie das mal gemacht: ohne Aufhören für jemanden oder für etwas gebetet? Für ein krankes Kind, für einen sterbenden Angehörigen, für einen Menschen in großer Not, oder für sich selber? „Die Gemeinde betete für Petrus ohne Aufhören zu Gott." Das ist eine ganz intensive Erfahrung. Das verändert einen auch als Betenden selber. Und dann geschieht das, nach dem Gebet. Dann kommt in der Nacht der Engel in das Gefängnis und befreit Petrus. Ja, die haben gebetet. Und der Erzähler dieser Geschichte sagt uns damit: und das hatte Folgen. Im Grunde erklärt er gar nicht, wie das geschah. Sondern er sagt: der Engel war's. Punkt. Aber vor allem sagt er damit seinen Lesern: Das Gebet hatte Auswirkungen. Und darum gehen auch eure Gebete nicht ins Leere. Wie es an anderer Stelle im Neuen Testament heißt: „Das Gebet des Gerechten vermag viel, wenn es ernstlich ist." (Jak. 5, 13-16). Die Botschaft der Engel ist darum vielleicht vor allem eine Botschaft für Betende: Es lohnt sich, wenn Ihr Euch an Gott wendet. Das hat Folgen. Das wirkt. Nicht magisch, denn Gott bleibt unverfügbar. Aber es hat Wirkung - auf sehr verschiedene, manchmal auch sehr überraschende Weise.

Ob wir an Engel glauben oder mit ihnen rechnen, das wird für mich immer mehr zu einer Frage auch der Demut. Zu einer Frage der Demut zum einen gegenüber Gott. Der kann ja eben nicht kleiner, sondern nur größer gedacht werden kann als die

Kategorien unseres Verstandes erkennen. Das ist das eine. Eine Frage der Demut aber ist das Thema Engel für mich immer mehr auch gegenüber den Glaubenserfahrungen anderer Menschen, sei es innerhalb oder außerhalb der Kirche. Da möchte ich hinhören, mir davon erzählen lassen, möchte daraus lernen und, wenn möglich, dafür danken.

Eines noch wäre mir persönlich gerade aus dieser Geschichte wichtig. Engel bringen Licht in den Raum unseres Lebens. Das haben sie alle gemeinsam. Und sie befreien. Sie verdunkeln nicht, und sie nebeln auch nicht den Verstand ein. Vor allem machen sie keine Angst. Im Gegenteil: Sie lösen die Ketten und führen in die Freiheit. Darum muss sich niemand vor ihrem Licht fürchten. Amen

Das gute Land, das Gott dir gegeben hat
zu 5. Mose 8, 6-11 am 6.10.2013 (Erntedankfest)

Liebe Gemeinde,
am Erntedankfest sehen wir die Welt mit den Augen der Kinder. Wir erinnern uns, wie wir sie selber sie einmal gesehen und gestaunt haben. Was für dicke Kürbisse! Was für wunderschöne Blumen! Was für schöne Farben! Am Erntedankfest sehen wir die Welt aber auch mit den Augen des Schöpfers am Anfang. „Und Gott sah an alles, was er gemacht hatte - und siehe, es war sehr gut." Im Mosebuch heißt es: „Gott führt dich in ein gutes Land." Und Matthias Claudius formuliert in seinem Erntedanklied in liebevoller Poesie: „Er wickelt seinen Segen gar zart und künstlich ein". Erntedank ist ein Fest zum Freuen, zum Loben und Danken. Alle guten Gaben kommen von Gott. -

Aber auf den zweiten Blick mischt sich in die Freude des Erntedankfestes noch etwas anderes. Man könnte es Wehmut nennen. Wir sehen an diesem Tag auch: die Welt ist nicht so, wie sie sein könnte oder sein sollte. Die Welt ist eben nicht nur heil und schön. Sie ist auch gefährdet, in vielfacher Weise bedroht. Das ist es, was uns am Erntedankfest ratlos macht. Besorgt. Manchmal sogar bitter.

Nehmen wir zum Beispiel einfach das **Brot**. Wir alle essen Brot, jeden Tag mehrmals. Wir leben davon. Wir wissen, woraus das Brot gemacht ist. Der Teig wird aus Mehl und anderen Zutaten geknetet. Das Mehl ist aus dem Korn gemahlen. Das Korn kommt aus den Ähren des Getreides. Das Getreide wächst auf dem Feld. Erinnern Sie sich noch an das Hochwasser im Juni? Verheerende Schäden hat es hinterlassen. Nicht nur an der ICE- Strecke. Ein erheblicher Teil der Getreidefelder stand da unter Wasser. Beträchtliche Ernteausfälle waren die Folge. Das ist die

Geschichte, die mir das Brot beim Erntedankfest in diesem Jahr erzählt. Die Ernte für eines unserer Grundnahrungsmittel ist bedroht.

Denn dieses Hochwasser damals im Juni war kein Schicksal, und es war auch kein von oben gefügtes Unglück. Es war von Menschen gemacht. Inzwischen ist es unbestritten: dass die zunehmenden Wetter-Extreme von Menschen verursacht werden. Sie sind auf unser eigenes Verhalten zurückzuführen. Der ungebremste Ausstoß von Schadstoffen hat Folgen, und diese Folgen bekommen wir nun selber immer mehr zu spüren. Und wenn dann noch die natürlichen Fluss-Betten aus wirtschaftlichen Interessen verändert werden, damit größere und schnellere Schiffe dort fahren können - dann kommt das erschwerend hinzu. Dann treten die Flüsse noch leichter über die Ufer. Hochwasser, von Menschen gemacht. Es klingt so schön, wie es im Mosebuch heißt: „Der Herr, dein Gott führt dich ein gutes Land" – aber was haben wir aus diesem guten Land gemacht? Was machen wir daraus?

Wenn wir am Erntedankfest die Kartoffeln oder die Äpfel anschauen und wissen: durch das extreme Wetter ist die Ernte in diesem Jahr viel geringer ausgefallen, dann ist die Dankbarkeit durchwachsen, dann mischt sie sich mit Sorge und Ratlosigkeit. Denn was könnten wir tun, um diese Schäden wenigstens einzudämmen? Können wir überhaupt etwas tun?

Ein anderes Problem kommt hinzu. Daran erinnern mich die **Bananen**. Die meisten Bananen kommen aus den ärmsten Ländern der Erde. Und nur wenige Menschen bekommen einen gerechten Lohn für die Bananen, die sie anbauen oder pflücken. Viele müssen arbeiten wie Sklaven, sogar Kinder schuften von morgens bis abends bei unmenschlichen Bedingungen. In vielen Teilen der Erde gibt es keine Bäche und keine Seen mehr, da verendet das Vieh, und es wächst nichts mehr. Da sind aufgrund kurzfristiger Wirtschaftsinteressen die Böden unbrauchbar geworden. Das Land wurde ausgepresst - ebenso wie die Menschen, die dort leben. Da wurde immer das gleiche angebaut, weil ´s am billigsten war und den schnellsten Gewinn brachte. Da leben viele im Angesicht des Hungertodes. Und auch das ist kein Schicksal oder von oben gefügtes Unglück. Sondern dafür gibt es Verantwortliche. Das sind diejenigen, die in der Leitung der großen Konzerne sitzen, die in den armen Ländern schnelles Geld verdienen wollen. Das sind diejenigen, die in den Regierungen sitzen und das zulassen, dort oder bei uns. Das sind diejenigen, die solche Produkte kaufen, schmutzige Ware, hergestellt mit Kinderarbeit oder unter Bedingungen, die der Sklaverei gleich. Vielleicht sagen manche von Ihnen jetzt: „Ach ja, das wissen wir doch alles längst, das haben wir schon hundert Mal gehört. Aber was sollen wir denn machen?" Das Flüchtlingsdrama im Mittelmeer hat uns diese Situation auf schreckliche Weise neu vor Augen geführt. Lampedusa ist zum Symbol geworden für das Unrecht in der Welt. Viele Menschen sind auf der Flucht vor Hunger und Gewalt, und sie riskieren dabei ihr Leben. Keine Frage: Das Erntedankfest 2013 ist überschattet von dieser Katastrophe, die das ganze Unrecht in der Welt wie in einem Brennglas deutlich macht.

Und da hören wir nun diesen uralten Text aus dem 5. Buch Mose. Der uns zum Danken aufruft, der beschreibt, wie schön das Land ist, das Gott seinem Volk gab. Und der doch gleichzeitig mahnt, der einfach mahnt, die Gebote zu halten.

Nein, ich will nicht sagen, dass wir dort das Patentrezept zur Lösung der beschriebenen Probleme finden. Und wir können sicherlich keine eindeutigen politischen oder wirtschaftlichen Strategien daraus ableiten. Aber eines ist ganz klar: in diesen Worten wird in großer Eindeutigkeit auf die wirtschaftliche und politische Verantwortung des Glaubens hingewiesen. Die Aufforderung zur Dankbarkeit gegenüber Gott ist verknüpft mit der Mahnung, seine Gebote nun auch zu halten. Beim Erntedankfest geht es immer um beides. Erntedank ohne die Erinnerung an die Gebote wäre naiv. Beides gehört eng zusammen.

Aber, so werden Sie fragen, was haben denn die Probleme der Weltwirtschaft mit den zehn Geboten von damals zu tun? Ganz einfach gesagt: eine Menge. Nehmen wir nur das erste Gebot: Ich bin der Herr dein Gott, der dich aus der Knechtschaft in Ägypten geführt hat; du sollst keine anderen Götter haben neben mir. Liebe Gemeinde, derselbe Gott und Schöpfer, der uns diese wunderbare Erde gegeben hat, will nicht, dass Menschen einander in Knechtschaft halten. Und Er will nicht, dass sie sich gegenseitig bestehlen. Auch nicht um den gerechten Lohn bestehlen, den die Bananenpflücker und auch Andere verdient hätten. Und er will nicht, dass Menschen sich gegenseitig töten. Ist das Töten, was vor Lampedusa geschehen ist? Sicher, es hat niemand geschossen. Und es hat niemand dieses Schiff absichtlich versenkt. Aber ganz im Ernst: Können wir Europäer unsere Hände wirklich in Unschuld waschen? Und ist das Töten, was in Katar passiert ist, wo bei den Vorbereitungsarbeiten zur Fußballweltmeisterschaft sind viele Menschen ums Leben gekommen sind – aufgrund der unmenschlichen Arbeitsbedingungen, ist das Töten? Ist das Töten, was in der Massentierhaltung geschieht? Es ist nicht jedenfalls von der Hand zu weisen: das alles hat mit Gottes Geboten zu tun.

Und der Schöpfer dieser wunderbaren Erde will nicht, dass wir Menschen ununterbrochen arbeiten und ununterbrochen kaufen und verkaufen. Er ruhte am siebenten Tage seinen Werken. Freute sich über das, was er geschaffen hatte. Und nun gibt es also wieder diesen unsäglichen verkaufsoffenen Sonntag gerade am Erntedanktag – als hätten wir immer noch nicht genug gearbeitet und nicht genug gekauft, als müsste es immer noch mehr sein. Du sollst den Feiertag heiligen. Damit es Zeiten der Erholung gibt für uns Menschen. An dem wir uns ausruhen können, uns freuen können über die Welt und freuen auch aneinander, damit wir Zeit haben für uns selbst und für die, für die sonst keiner Zeit hat. Und damit es Zeiten der Erholung gibt übrigens auch für die Natur, für das Vieh, für die Böden, damit auch sie sich erholen können in einer Zeit der Ruhe und Brache. Nichts soll sich an die Stelle Gottes setzen. Du sollst keine anderen Götter haben neben mir.

Wenn sich die Dankbarkeit über die Schönheit der Gaben Gottes mischt mit der Sorge über den Zustand der Welt und über die Not so vieler, dann könnte das Ergebnis eine Neubesinnung sein. Eine Neubesinnung ganz persönlich bei uns - auf die Gebote, die der Schöpfer uns gab. In diesen Geboten zeigt er uns, was beachtet werden muss, damit das Leben gut wird. Es sind keine engen Verbote, es sind keine Maßregelungen, es sind Wegweiser und Hilfen, damit das Leben gelingt.

Zu dem Brot und den Bananen habe ich darum auch noch **Weintrauben** mitgebracht. Sie schmecken süß und fruchtig, und der Saft oder der Wein, der daraus gewonnen wird, hat den Geschmack des Fest und Hoffnung. Die Weintrauben erinnern zugleich an den Kelch des Abendmahls. Als Jesus ihn seinen Jüngern gibt, sagt er zu ihnen: „Das ist das Blut des neuen Bundes, das für euch vergossen wird zur Vergebung der Sünden." Und im Grunde setzt Jesus damit einen neuen Anfang. Ja, die Weintrauben stehen für diesen neuen Anfang mit Gott. Und für die Hoffnung, dass einmal alles wieder gut wird, für unsere Welt und auch für uns selber.

Erntedank, liebe Gemeinde, ist dreierlei: die Freude und der Dank, die Sorge und die Erinnerung an die Gebote Gottes und die Hoffnung auf einen neuen Anfang. In Jesu Namen. Amen

Die wesentlichen Momente
Zu Epheser 5, 16 am 19.10.2014 (18. So. n. Trinitatis)
Kauft die Zeit aus, denn es ist böse Zeit. (Eph. 5,16)

Liebe Gemeinde,
das die Zeiten böse sind, scheint inzwischen allgemeine Meinung zu sein. Ein Blick in die Tagesnachrichten genügt. Krieg und Seuchen, Gewalt und Betrug. Mehr muss gar nicht gesagt werden. Auch wenn es uns selbst noch ganz gut geht, da sind wir uns wohl einig: es geht schlimm zu in der Welt.

Allerdings ist diese Einstellung immer in der Gefahr, zu einem etwas bequemen Pessimismus zu verkommen. Frei nach dem Motto: „Man kann sowieso nichts machen" könnte man sich zurücklehnen, über die schlimmen Zeiten klagen und doch das eigene Leben in Sicherheit und Wohlstand genießen.

Vielleicht ist das ein bisschen zu streng formuliert. Aber die Frage stellt sich eben auch sehr scharf: was bedeutet das es denn für Christenmenschen, wenn die Zeiten „böse" sind?

Der Schreiber des Epheserbriefs ruft aus seiner Wahrnehmung des Weltgeschehens zu einer Konsequenz auf: „Kauft die Zeit aus", sagt er, „denn es ist böse Zeit." Aber was ist damit gemeint?

Der erste Gedanke ist sicherlich: nutzt die Zeit aus, macht das Beste draus. Im Grunde ist das eine ökonomische Betrachtungsweise, die wir aus vielen Bereichen des Lebens kennen. Die Produktivität eines Betriebes zum Beispiel soll stimmen und optimiert werden, die Arbeit der einzelnen Mitarbeitenden soll möglichst effektiv sein. Man kann das einfach als Grundprinzip der kapitalistischen Wirtschaft ansehen, ohne dass man sofort von Ausbeutung reden müsste. Das funktioniert einfach so.

Dasselbe Prinzip aber hat sich längst auf das Freizeitverhalten vieler Menschen übertragen. Aus dem Urlaub, aus dem freien Wochenende, aus den freien Stunden nach Feierabend soll das Beste gemacht, soll möglichst viel herausgeholt werden.
Und sogar auf die Einstellung zu unserer gesamten Lebenszeit hat sich dieses kapitalistische Leitmotiv übertragen: „Ich bin jetzt noch jung", sagt einer, „ich möchte möglichst viel sehen und erleben." „Yolo" – „you only live once" (du lebst nur einmal) - das ist für viele jüngere Menschen zu einem Leitmotiv geworden. Und für Ältere ist es gar nicht so viel anders: „Ich bin jetzt schon ziemlich alt", sagen manche, „ich möchte aus den verbleibenden Jahren noch das Beste machen". Und – Hand aufs Herz, liebe Gemeinde – wem ist das zu verdenken? So wirkt es auf den ersten Blick, als fänden wir in dem Leitsatz aus dem Predigttext unsere eigene Lebensmaxime wieder. „Kauft die Zeit aus, denn es ist böse Zeit. Carpe diem, nutze den Tag, mach das Beste aus deinem Leben." Aber ist das so gemeint?

Ein genauerer Blick in den Text lohnt sich. Zwei Mal nämlich kommt nach Luthers Übersetzung das Wort „Zeit" in diesem Satz vor. Aber die im griechischen Urtext an dieser Stelle jeweils gebrauchten Worte sind verschieden. Das eine Mal steht da das griechische Wort „Kairos", das man genauer mit „Zeitpunkt" übersetzen müsste. Und an der anderen Stelle steht das Wort für „Tage". Wörtlich müsste man also übersetzen: „Kauft den *Zeitpunkt* aus, denn die *Tage* sind Böse." Und dann wird tatsächlich ein ganz anderer Sinn deutlich.

Ich will es einmal mit einem einfachen Bild sagen: Da wird die Zeit – im Bilde gesprochen – wie ein ziemlich übler Ramschladen beschrieben, in dem uns viel ungesunde und vielleicht sogar gefährliche Ware angeboten wird. Aber mitten in diesem eigentlich richtig schlechten Laden gibt ein paar kostbare, richtig gute Dinge, Perlen sozusagen. Und die sollen wir finden und kaufen, aus dem Ramsch „heraus kaufen". Das finde ich faszinierend.

Versuchen wir einmal, dieses Bild auf unsere Erfahrung mit Zeit zu übertragen. Nehmen wir etwa die letzte Woche oder wenn Ihnen das lieber ist, den letzten Monat. Stellen Sie sich das alles, was in dieser Zeit war, einmal als einen solchen Laden vor. Vielleicht sagen Sie: ja, da war wirklich ziemlich viel Ramsch dabei. Aber es gibt doch zwei oder drei – oder vielleicht auch mehr Momente, von denen Sie sagen: das waren richtige Perlen. Das waren vermutlich nicht unbedingt die Momente, in denen Sie besonders effektiv gearbeitet haben. Und wohl auch nicht die, in denen Sie Ihre Freizeitaktivitäten besonders intensiv und dicht geplant haben. Sondern, das würde ich jedenfalls für mich persönlich sagen, sondern es waren eher die Begegnungen oder Erfahrungen, die sich zufällig ergeben haben, ja, vielleicht sogar gerade die Momente, in denen wir den Anspruch der Effektivität einmal losgelassen, vielleicht einfach vergessen haben.

Kauft die Zeit aus, denn es ist böse Zeit – das hieße dann also: achte in dieser ganzen riesigen Menge an Erfahrungen und Begegnungen auf solche Momente, in denen dir das besonders Kostbare, in denen dir das wirklich Wesentliche für dein Leben begegnet.

Im Evangelium haben wir vorhin gehört, wie Jesus auf die Frage eines Schriftgelehrten nach dem wichtigsten Gebot antwortet (Markus 12, 28-34). Da könnte man vieles nennen, viele Dinge, die wir unbedingt beachten sollten, heute übrigens auch. Aber erinnern Sie sich, wie Jesus geantwortet hat? Im Grunde sagt er es ganz schlicht und einfach: „Du sollst *Gott lieben* von ganzem Herzen und von ganzer Seele und von allen deinen Kräften, und du sollst *deinen Nächsten lieben wie dich selbst.*" Darauf kommt's an.

Wenn wir das nun auf den Umgang mit der Zeit übertragen, ist die Antwort ziemlich klar. Kostbar werden die Momente unseres Lebens durch die Liebe im dreifachen Sinn: durch die Liebe zu Gott, durch die Liebe zu den Mitmenschen und durch die Liebe zu sich selbst. Und wenn Sie die letzte Woche oder den letzten

Monat daraufhin in Ihrer Erinnerung durchgehen, dann werden Sie das vielleicht auch feststellen. Vielleicht haben Sie gespürt, dass Ihre Hilfe gebraucht wurde, sei es ganz in der Nähe oder in einem der Elendsgebiete der Welt, und Sie haben geholfen, wie Sie es konnten und haben gemerkt: ich tue das nicht aus Pflicht oder Druck, sondern weil ich Mitgefühl habe, und weil ich es von ganzem Herzen tun will. Vielleicht war das auch in der Begegnung mit einem anderen Menschen: dass jemand Ihnen etwas Freundliches gesagt hat, oder Sie sich mit jemandem besonders verbunden fühlten. Vielleicht war das es in einem bestimmten Tun, beruflich oder privat – und Sie haben gemerkt: da bin ich mit meinem ganzen Herzen dabei, das tue ich mit Liebe. Oder vielleicht war es einfach auch so, dass Sie neulich am Spätnachmittag diesen wunderbaren Himmel gesehen haben und den Regenbogen – und dass Sie sich einfach gefreut haben, weil Sie gespürt haben: Sie lieben diese Schöpfung und das Leben in dieser Welt. Perlen, kostbare Momente. „Kauft die Zeit aus!"

Vor etwa 40 Jahren hat Michael Ende sein später weltbekannt gewordenes Buch „Momo" geschrieben. Lange vor der Verbreitung von Handys und Internet hat er darin in fast prophetischer Weise eine Geschichte über unseren Umgang mit der Zeit geschrieben. Sie handelt von dem kleinen Mädchen Momo, das in einer Ruine wohnte und fast nichts besaß, aber immer für jeden Menschen Zeit hatte und jedem zuhörte - so wie noch nie jemand zugehört hatte. Sie konnte so zuhören, dass Schüchterne sich frei und mutig fühlten, dass Bedrückte zuversichtlich und froh wurden, und die Kinder, die zu ihr kamen, spielten so phantasievoll und glücklich wie sonst nie, denn Momo hatte einfach Zeit. Gerade darum aber war sie den „grauen Herren" ein Dorn im Auge. Die kamen von der „Zeitsparkasse" und wollten alle Menschen zu einem schnelleren Tempo und zu einem effektiveren Arbeiten, also zum Zeitsparen bringen. „Niemand aber schien zu merken, dass er, indem er Zeit sparte, in Wirklichkeit etwas ganz anderes sparte. Keiner wollte wahr haben, dass sein Leben immer ärmer, immer gleichförmiger und immer kälter wurde. Denn Zeit ist Leben. Und das Leben wohnt im Herzen. Und je mehr die Menschen daran sparten, desto weniger hatten sie." (S. 72)

„Kauft die Zeit aus, denn es ist böse Zeit." Es geht eben gerade nicht darum, das Maximale aus einem bestimmten Zeitabschnitt herauszuholen. Worauf es ankommt, ist vielmehr, dass es auch in bösen Zeiten kostbare und unendlich wertvolle Momente zu entdecken und zu erfahren gibt, nämlich die Momente der Liebe zu Gott und den Mitmenschen und zu sich selbst.

Darum, liebe Gemeinde, wenn wir das nächste Mal bei den Nachrichten oder beim Lesen der Zeitung oder auch bei persönlichen Enttäuschungen mal wieder sagen möchten, was es doch insgesamt und überhaupt für eine schlimme Zeit ist, in der wir leben - dann lassen Sie uns daran denken: auch in Zeiten wie diesen ist sehr Kostbares verborgen und sehr Wesentliches. Die Erfahrung des Mitgefühls und der Liebe und die Chance einer unerwarteten Hoffnung. Wir müssen diese Perlen nur entdecken, müssen Augen dafür haben und ein Herz. Für das Licht im Dunkel, für das, was gerade für uns dran ist. Gott helfe uns, den richtigen Zeitpunkt zu erkennen für das, was wir tun können – aus Liebe und von Herzen, gerade in Zeiten wie diesen. Amen

Der Gott, der frei macht !
Zu Galater 5, 1-6 am 31.10. 2012 (Reformationstag)

Liebe Gemeinde,
der Reformationstag erinnert die weltweite Christenheit an die Befreiung durch den Glauben. Der Gott, den Luther als „feste Burg" lobte, ist kein anderer als der, der die Israeliten aus der Sklaverei führte. Ja, schon in den frühesten Texten des Alten Testaments hat sich dieser Gott geradezu selbst so definiert: als Befreier. Wie es im ersten Gebot heißt (2. Mose 20,1): „Ich bin der Herr dein Gott, der dich aus der Knechtschaft in Ägypten geführt hat, du sollst keine anderen Götter neben mir haben." Und es ist derselbe Gott, der in Jesus auf die Erde kam und seine Menschen in die Freiheit gerufen hat und noch ruft: „Sei frei von deiner Krankheit! Sei frei von der Last deiner Sünde! Sei frei von dem Urteil der Anderen!" Und die Menschen, zu denen Jesus das sagte, wurden aufgerichtet. Sie konnten wieder gehen, wieder sehen, wieder reden. Und sie lobten Gott mit lautem Jubel. Die Geschichte des Glaubens lässt sich lesen als eine jeweils neue Befreiungsgeschichte.

Aber immer wieder gab und gibt es auch die Gegenbewegung. Immer wieder gibt es auch die, die das erste Gebot verkürzen und nur sagen: „Du sollst keine anderen Götter neben mir haben." Und dann suchen sie und forschen, ob Menschen vielleicht doch andere Götter haben, ob ihnen etwas anderes wichtiger ist und ganz ehrlich, da ist bestimmt immer was zu finden. Aber so ist Gott nicht. Sondern er ist ein Gott, der in die Freiheit ruft und in die Freiheit führt.

Und daran erinnert Paulus hier im Galaterbrief. „Zur Freiheit hat uns Christus befreit! Lasst euch nicht wieder das Joch der Knechtschaft auflegen!" Und wir spüren: ja, der Apostel hat um die Gefährdung dieser Freiheit gewusst. Oft genug hat er sich damit in den jungen christlichen Gemeinden auseinandersetzen müssen. Denn es war ja damals nicht anders als heute: so viel Freiheit macht vielen Menschen auch Angst. Wird das auch gutgehen? Wird die Freiheit nicht allzu leicht missbraucht? Kann sie sich nicht in ihr Gegenteil verkehren als Egoismus und Gottlosigkeit? Zweifellos, das kann passieren. Und müssen wir nicht die Grenzen auch enger ziehen? Und natürlich: die Botschaft von dieser Freiheit bedrohte auch die Macht der Religionshüter. „Wenn wir den Menschen nicht mehr sagen können, was sie dürfen oder nicht dürfen – was ist dann die Grundlage unserer Macht?" Auch das gehört mit dazu.

Und so gab es gleichzeitig mit Befreiungsgeschichte des Glaubens auch eine Unterdrückungsgeschichte im Namen des Glaubens. Das beginnt schon in manchen Tendenzen des frühen Christentums, wie in den Gemeinden in Galatien. Und diese Geschichte von Macht und Unterdrückung hat sich dann in der Entwicklung der römisch-katholischen Kirche zu ihrer Herrschaft über die ganze Welt und über die Seelen der Einzelnen immer mehr verfestigt. So kam es, dass die Kirche insgesamt über viele Jahrhunderte fast nur noch als eine Einrichtung von Macht und Angst und Unterdrückung angesehen wurde. So wurde die befreiende Kraft des Glaubens fast völlig verschüttet. Der Höhepunkt dieser Entwicklung war wohl im Ablasshandel des Mittelalters erreicht. Da wurde die Unterdrückung der Seelen mit der wirtschaftlichen Abhängigkeit und Belastung verknüpft.

Die von Martin Luther und anderen ins Werk gesetzte reformatorische Bewegung war gegen diese unheilvolle Entwicklung wie ein Befreiungsschlag. „Zur Freiheit hat uns Christus befreit! So steht nun fest und lasst euch nicht wieder das Joch der Knechtschaft auflegen!" Was Paulus den Galatern schreibt, könnte ebenso von Luther in seiner Zeit gesagt worden sein.

Und ich denke, das müssen auch wir in unserer Zeit immer neu sagen und uns sagen lassen. Und zwar ganz persönlich ebenso wie politisch, denn beide Dimensionen gehören zum Reformationstag.

Zur Freiheit hat uns Christus befreit. - Das gilt für alle Menschen, die aufgewachsen sind mit vielen Verboten und Zwängen in einer Atmosphäre von Unfreiheit. Viele haben das erlebt, oft genug sogar im Namen des Glaubens, haben Gott eben nicht als Befreier, sondern als Kontrolleur und als Verbieter kennengelernt; nicht als Retter und Erlöser, sondern als Angstmacher und Strafinstanz. „Sei frei von deiner Last", möchte ich Ihnen im Namen Jesu sagen, „was immer es sei. Und geh aufrecht durch dein Leben, denn zur Freiheit hat dich Christus befreit, lass dir diese Freiheit niemals nehmen!"

Und das gilt ebenso für viele Menschen die gefangen sind in einer Sucht oder in der Abhängigkeit in einer ungesunden Beziehung, die sie unfrei macht, die immer mit Angst besetzt ist und Entwicklung verhindert. So vielen Menschen wurde kein Zutrauen vermittelt, kein Vertrauen ins Leben geschenkt – aber dieser Gott führt aus der Knechtschaft heraus in die Weite.

Es gilt erst recht für so viele Menschen weltweit, die ganz konkret und physisch gefangen gehalten und unterdrückt werden. Am Wochenende haben wir wieder gehört, wie es in der Ukraine aussieht. Im Sommer bei der Fußball-Europameisterschaft haben wir bei unseren kleinen Andachten für die Menschen dort gebetet und für eine Hilfsorganisation gesammelt. Nun wird das diktatorische Regime wohl durch die manipulierten Wahlen weiter regieren können. Als Christen aber wollen wir auch weiterhin, so gut wir es können an der Seite all derer stehen, die sich nach Freiheit sehnen, sei es in der Ukraine oder in China oder im Iran oder in anderen Teilen der Welt.

Wir wollen aber auch dazu sagen: es geht im Glauben nicht um die Freiheit der westlichen Welt oder des Kapitalismus. Es geht nicht um die Freiheit, möglichst viel kaufen oder verkaufen zu können und auch nicht um die Wahl zwischen möglichst vielen Fernsehsendern. Sondern es geht um die Freiheit der Meinung und des Denkens und des Glaubens.

Einer, der am eigenen Leib erlebt hat, was Unfreiheit ist, unser jetziger Bundespräsident Joachim Gauck, hat in einer bemerkenswerten Rede schon vor zwei Jahren deutlich gemacht, dass drei Dinge untrennbar zusammen gehören: nämlich Freiheit, Verantwortung und Toleranz. (J.Gauck; Freiheit. Ein Plädoyer. München 2012) „Die Freiheit der Erwachsenen", so sagt er, „nenne ich Verantwortung" (S. 26). Nämlich nicht nur gegen Verbote aufzubegehren, sondern auch selber die Welt mitzugestalten und sich im Rahmen der eigenen Möglichkeiten dafür einzusetzen. Verantwortung – dieser Gedanke führt aus dem Kreisen um sich selbst heraus in die Bezogenheit unseres Lebens auf etwas anderes, für das wir da sind, etwas außerhalb unserer selbst: sei es für ein Kind, für das wir sorgen; sei es für eine Gemeinschaft, in der wir etwas tun oder sei es eine Aufgabe, für die wir uns einsetzen. Die Freiheit der Erwachsenen ist Verantwortung.

Ganz ähnlich hatte das schon Martin Luther selber im Jahr 1521 gesagt. In seiner Schrift „Von der Freiheit eines Christenmenschen" stellt er zwei Sätze einander scheinbar widersprechende Sätze direkt und gleichberechtigt nebeneinander:
Ein Christenmensch ist ein freier Herr aller Dinge und niemandem untertan.
Ein Christenmensch ist ein dienstbarer Knecht aller Dinge und jedermann untertan.
Und Luther macht deutlich: Beides gehört zusammen: die persönliche Freiheit, aber auch die Bezogenheit aufeinander und auf die Gemeinschaft. So wie Paulus es sagt: der Glaube, der durch die Liebe tätig ist – das ist es, was in Christus gilt. Und das ist es, was die christliche Freiheit ausmacht.

Immer wieder wollen wir – auch gerade in den Kirchen – Menschen zu etwas bringen. Zu einem richtigen Leben, zu sei es in moralischer oder politisch korrekter oder in irgendwie christlicher Hinsicht. Aber wir kriegen es nicht hin.

Manchmal muss ich in diesem Zusammenhang an unseren Hund denken. Nun werden Sie sich vielleicht wundern. Aber als Hundehalter macht man eine wichtige Erfahrung. Wenn der Hund an der Leine geführt wird, ist er tendenziell aggressiv und schwierig. Kommt ein anderer ebenfalls angeleinter Hund, so beschnuppern sich beide Tiere, aber oft kommt es ganz schnell zu einem sehr lauten Bellen und manchmal auch zum Kämpfen und Beißen. Begegnen sich dieselben Hunde aber ohne Leine, so begrüßen sie sich sehr freundlich und entspannt. Sie beschnuppern sich, laufen schwanzwedelnd umeinander herum und gehen meistens in eine ausgesprochen freundliche Spielhaltung. Ohne Leine gehen Hunde viel besser miteinander um.

Nun sage ich das hier nicht als Beitrag in der Diskussion über den Leinenzwang in unserer Eilenriede. Sondern ich sage es, weil ich daraus etwas lerne über die Freiheit des Glaubens. Verantwortung und liebevoller Umgang miteinander können nur in Freiheit gelernt werden. Und der „Glaube, der in Liebe tätig ist", der kann nie erzwungen werden. Aber wachsen kann er - in einem Klima der Liebe und des Vertrauens. Amen

Mauern öffnen
Zu Psalm 24,7 am 9.11.2014 – 25 Jahre Grenzöffnung

Machet die Tore weit und die Türen in der Welt hoch, dass der König der Ehren einziehe.

Liebe Mitchristen und liebe Gäste, das ist unmissverständlich, eine klare Aufforderung und mehr als das – ein Fanal geradezu: Macht endlich auf!

Tausende, Hunderttausende wohl haben das in dem Herbst vor 25 Jahren immer wieder gerufen in Leipzig und Dresden und Berlin; mit anderen Worten, aber genau das war doch gemeint. Und als das Tor endlich aufging – was für ein unglaublicher Jubel war es. Unvergessen für mich der Jubel in der Prager Botschaft, wo etwa 4000 Menschen Zuflucht gesucht hatten, bei Genschers berühmte Worten: „Wir sind gekommen, um ihnen mitzuteilen, dass heute Ihre Ausreise…" - weiter kam er nicht. Denn allein bei diesem Wort „Ausreise", nun öffentlich und hörbar ausgesprochen, allein bei diesem Wort entlud sich die Spannung und der Druck von Jahrzehnten und die Angst und die Hoffnung der letzten erlebten Tage. Endlich frei! Ausreise!

Ich persönlich war wenige Tage vorher zu Gast in einer Kirchengemeinde im Erzgebirge, und ich erinnere mich noch gut an die Stimmung der Menschen zwischen Hoffnung, Verzweiflung und großer Angst vor einem Ausbruch der Gewalt, das chinesische Massaker vom Platz des himmlischen Friedens lag ja gerade erst ein paar Wochen zurück. Man kann tatsächlich die Stimmung jener Zeit mit Worten aus den Psalmen beschreiben: „Wenn der Herr die Gefangenen Zions erlösen wird, dann werden wir sein wie die Träumenden. Dann wird unser Mund voll Lachens und unsere Zunge voll Rühmens sein, dann wird man sagen unter den Heiden: Der Herr hat großes an ihnen getan." (Psalm 126) Und so war es am 9.11.1989, als dann tatsächlich die Grenze geöffnet wurde. Mund voll Lachens, Straßen voll Hupens, einander unbekannte Menschen aus Ost und West, die sich in den Armen lagen. Ihr Jüngeren, schaut es euch an, in Büchern und Filmen, damit ihr wisst, was damals geschehen ist. Nicht wenige haben gesagt und empfunden, was der Psalm sagt: „Der Herr hat Großes an uns getan, des sind wir fröhlich!" Irgendwo sollen die Menschen „Nun danket alle Gott" angestimmt haben. Für viele war es schlicht ein Wunder, dass sich alles ohne Gewalt zum Guten wendete, eine Wunder-Erfahrung mitten im 20 Jahrhundert. Noch einen Monat zuvor, am 9.Oktober auf den Straßen von Leipzig war es ganz anders, war es auf des Messers Schneide gewesen. Manche von uns haben die Rufe der 70.000 noch im Ohr, die, und das muss man den Jüngern unter uns ja ganz deutlich sagen, die sich wirklich unter Einsatz ihres Lebens der Macht von Volksarmee, Polizei und Staatssicherheit entgegengestellt haben. „Könnte ich doch hören, was Gott der Herr, redet, dass er Frieden zusagte seinem Volk und sie nicht in Torheit geraten...doch ist ja seine Hilfe nahe denen, die ihn fürchten..." (Psalm 85, 9-14). Ja, die Torheit war sehr nahe, und die Gewaltanwendung, die Panzer waren in Einsatzbereitschaft und nicht nur die. Viele fürchteten, am Rande eines Krieges zu stehen. Angst und Hoffnung waren gleichermaßen groß. Aber die Hoffnungen der 70.000 in jener angespannten Nacht in Leipzig haben sich erfüllt: die Stasi und das Unrechtsregime mussten weichen, und es wurde wieder möglich, „dass Ehre in diesem Land wohnte" (Psalm 85). Alles andere als selbstverständlich war das, ein Wunder Gottes, ein Wunder auch an Mut und Courage so vieler Menschen.

Und heute feiern wir das. Gedenken wir daran. Was bedeutet es, heute daran zurückzudenken? Was bedeutet es, heute dazu einen Gottesdienst zu feiern? Dazu an dieser Stelle ein paar Gesichtspunkte.

Erstens. Machet die Tore weit. Es war wirklich ein Durchbruch, der sich damals ereignet hat. Ein Durchbruch der realen Grenzen, angefangen bei der wunderbaren Idee der Ungarn, zu einem paneuropäischen Spaziergang und dabei den Zaun des „Eisernen Vorhangs" ein wenig zu öffnen bis hin zu der Öffnung der Berliner Mauer am 9.11. Es war ein Durchbruch auch im übertragenen Sinne und zwar in zweifacher Hinsicht. Zum einen haben tausende Menschen die Mauern der Angst und des Schweigens durchbrochen und sind für die Freiheit auf die Straße gegangen. Zum anderen aber fand die befürchtete Gewalt der Staatsmacht nicht statt, und so wurden auch die Berechnungen und Befürchtungen der Mächtigen durchbrochen, auch das meinen wir, wenn wir von einem Wunder sprechen und Gott dafür danken.

Beides, der Dank gegenüber Gott aber auch der tiefe Respekt vor dem Einsatz tausender Menschen sollte unser Feiern und Gedenken bestimmen und darin zu seinem Recht kommen. Aber, und lassen Sie mich das in aller Deutlichkeit sagen, aber der jetzt bestimmte Gedenktag am 3. Oktober ist für ein solches Gedenken nicht geeignet. Er bezieht sich auf eine offizielle Feier und auf offizielle Unterschriften von Politikern. Aber die Durchbruchserfahrung, die Dankbarkeit angesichts des Wunders und der Respekt vor dem Einsatz der Menschen findet sich in diesem Datum nicht wieder. Die Kirchenleitungen sollten sich nachdrücklich dafür einsetzen, dieses Datum so zu ändern, dass es dem Respekt vor den Ereignissen angemessen ist. Nach 25 Jahren ist es wirklich Zeit derer zu gedenken, die ihr Leben riskiert haben – geeignet wäre im Blick auf die Menschen in Leipzig der 9.Oktober. Der 9.November wäre ein Gedenktag an das Wunder der Maueröffnung, die sogar den, der sie verkündete, überrascht hat. Als Herr Schabowski den entsprechenden Zettel vor der

Presse vorlas, wurde ihm erst klar, was das bedeutete. Und als Gedenktag könnte sogar der Tag im August geeignet sein, als die ungarische Regierung das erste Loch in den Grenzzaun reißen ließ. Wie auch immer wir gedenken: es sollte darin der Respekt vor dem Mut der Einzelnen und der Dank angesichts des Wunderbaren zum Ausdruck kommen.

Ein zweiter Gesichtspunkt. Das Geschehen von damals erinnert uns an die grundsätzliche Aufforderung, die Tore und Türen in unserem Leben nicht zu fest zu verschließen sondern immer wieder weit aufzumachen. „Machet die Tore weit und die Türen in der Welt hoch, dass der König der Ehren einziehe."

Und nun kann man fragen: wo wäre das heute, nach 25 Jahren dran. Wo wäre das für uns dran, als Land und als Gesellschaft, als Kirche und Gemeinde, aber auch ganz persönlich. Und stellen wir uns diese Frage gerade heute: wo sollte, wo könnten wir eine bisher verschlossene Tür öffnen?

Natürlich: wir denken dabei an die, die in großer Verzweiflung bei uns anklopfen: an die Flüchtlinge. Die aus Syrien oder Afrika oder aus anderen Ländern bei uns Zuflucht suchen und Sicherheit und eine Lebensperspektive. Ist es nicht auch der im Psalm genannte „König der Ehren", der uns in ihnen begegnet? „Ich bin ein Fremder gewesen, und ihr habt mich aufgenommen", sagt Christus beim Weltgericht zu denen, die so getan haben. Abgesehen von allen einzelnen Regelungen und Erwägungen: müsste es uns nicht über alle Moral und über alles Pflichtgefühl eine Ehre sein, Menschen aufzunehmen, die in solcher Verzweiflung zu uns kommen? Machet die Tore weit – was heißt das für uns?

Und wir denken vielleicht auch an unsere Kirche, die in mancher Hinsicht ihre Türen öffnen müsste. Und ich meine jetzt gar nicht eine Anpassung an den Zeitgeist, meine gar nicht den Versuch, moderner zu sein oder jugendlicher oder digitaler, sondern ich meine einfach das Interesse am offenen Gespräch mit Menschen aus allen Altersgruppen und aus allen gesellschaftlichen Milieus über das, was sie glauben oder nach welchen Werten sie leben. Es ist ja durchaus interessant zu beobachten, mit welcher zunehmenden Dynamik sich die katholische Kirche unter dem neuen Papst auf diesen Weg gemacht hat. Was ja von der evangelischen Kirche immer deutlicher erwartet wird ist die Botschaft des Glaubens. Darauf musste die Kirchenleitung erst durch eine weltliche Unternehmensberatung hingewiesen werden. Erwartet werden eben nicht immer neue Events und kulturelle Großereignisse, sondern - ich sage das noch einmal ganz einfach – sondern die Glaubensbotschaft, aber die in einer Weise, dass sie verstanden und aufgenommen werden kann.

Machet die Tore weit, und die Türen in der Welt hoch, dass der König der Ehren einziehe. Denn das ist die Glaubensbotschaft, in drei Wochen am ersten Advent werden sie wieder feiern: dass Gott in unser Leben einziehen will. In seinem Sohn Jesus, in den Flüchtlingen und in allen, die unsere Hilfe und Barmherzigkeit brauchen und auch in Wundererfahrungen wie denen aus dem Jahr 1989. Gebe Gott, dass wir diese Botschaft immer neu hören und weitersagen. Amen

Güte verwandelt
Zu Römer 2,4b am 20.11. 2013 (Buß- und Bettag)

Weißt du nicht, dass Gottes Güte dich zur Umkehr leitet?   Römer 2,4b

Liebe Gemeinde,
ausgerechnet der niedersächsische Landtagspräsident hat vor einigen Tagen mit der Forderung für Aufmerken gesorgt, wir sollten in Niedersachsen wieder mehr christliche Feiertage einführen. Dabei hat Herr Busemann als Beispiel auch den heutigen Buß- und Bettag genannt. Ich möchte diesen Vorstoß ganz ausdrücklich unterstützen, denn der Buß- und Bettag betont einen grundlegenden Aspekt des christlichen Glaubens, der an anderen christlichen Feiertagen nicht so bedacht wird und der gleichzeitig von erheblicher gesellschaftlicher Bedeutung ist.

Worum es am Bußtag geht, das sagt der biblische Leit-Spruch für diesen Tag ganz deutlich, und darüber möchte ich heute Abend mit Ihnen nachdenken. „Weißt du nicht, dass Gottes Güte dich zur Umkehr leitet?" Dabei muss man wissen, dass das Wort „Umkehr" dasselbe ist, das früher mit „Buße" übersetzt wurde, das man auch mit „Veränderung" wiedergeben könnte. Weißt du nicht, dass Gottes Güte dich zur Buße, zur Umkehr, zur Veränderung leitet?

Ich möchte mich an die Bedeutung dieses Satzes und an die Bedeutung des Buß- und Bettages aus drei Richtungen annähern.
Als erstes folge ich der Frage: **„wie kann ich mich verändern?"** oder: „Wie ist Veränderung möglich?"

Wir alle kennen diesen Wunsch auf jeweils ganz persönliche Weise. Angefangen bei dem Bemühen, gesünder zu leben. Vielleicht nehmen wir uns immer wieder mal vor und vernünftiger zu ernähren, uns mehr zu bewegen, weniger zu rauchen oder ähnliches. Vielleicht möchten wir einfach abnehmen. Oder aber wir möchten in unserem Verhalten etwas verändern: sei es in unserem Verhalten gegenüber andere Menschen oder auch in bestimmten Sucht-Struktur, in denen wir uns verfangen haben oder ganz einfach in unserem Glauben. Ich vermute, jeder und jede von uns hat in dieser Beziehung ein ganz eigenes Thema und ganz eigene Wünsche und Vorstellungen von Veränderung. Aber wie schaffen wir das? Wie können diesen Vorsatz umsetzen?

Weißt du nicht, dass Gottes Güte dich zur Umkehr leitet? Eine bemerkenswerte Botschaft ist das in diesem Zusammenhang! Das hieße ja, dass eine gute göttliche Energie uns in den Prozessen der Veränderung führt und unterstützt. Gott ist also, im Bilde des Evangeliums (Lukas 13,6-13) gesprochen, nicht der, der den Baum abhauen will, weil er nicht so ist wie er sein sollte. Sondern Gott ist der, der um ihn gräbt und düngt, damit es gut wird! Und nun bitte ich Sie: Stellen Sie sich das doch einmal vor für den Prozess der Veränderung, in dem Sie sich gerade befinden. Da gibt es jemanden, der Sie auf diesem Weg freundlich umsorgt, der nach Ihnen sieht und Ihnen Gutes tut. Gottes Güte unterstützt uns in der Veränderung.

Oder denken Sie an die verkrümmte Frau in der anderen Szene. Die durch die große Last ihres Lebens ganz gebeugt daher kommt. Wir wissen nicht, ist es eine Schuld, die auf ihr liegt, oder ist es eine Krankheit oder eine Gefangenschaft der Seele, die ihr Leben so schwer macht?

Aber dann begegnet sie Jesus, dieser Güte Gottes in Person. Und er ruft sie zu sich, ganz freundlich bittet er sie, und als sie dann vor ihm steht – da legt er seine Hände auf ihre Schultern – und sie richtet sich auf. Diese Frau wird frei von der Last, sie wird frei zur Veränderung. Gottes Güte verändert sie, Gottes Güte hat sie aufgerichtet.

In der Psychotherapie wird oft von den Ressourcen gesprochen, die uns auf dem Weg der Heilung und Stabilisierung und der positiven Veränderung unterstützen, wie gute Quellen, die uns Kraft geben. Die Güte Gottes und der Glaube daran ist eine wichtige, vielleicht die wichtigste Kraftquelle dabei. Das kann das Gebet sein, allein oder auch mit Anderen – Freitags abends treffen wir uns hier um 18 Uhr zum Abendgebet - , das kann das Lesen eines Psalms sein oder das Singen eines Liedes oder eine bewusste Zeit der Stille sein, einfach eine Zeit, in der wir uns dieser Quelle öffnen, in der wir uns für die Güte Gottes öffnen. „Meine Hoffnung und meine Freude, meine Stärke mein Licht, Christus meine Zuversicht, auf dich vertrau ich und fürcht mich nicht…." – mit diesem Lied aus Taizé, das wir nachher singen, können Sie diese Quelle der Kraft meditieren und sich ihr öffnen. Und spätestens dann werden Sie merken: der Buß- und Bettag muss kein düsterer, sondern kann ein sehr heilsamer, ermutigender und froh machender Tag sein.

Mein zweites Stichwort heißt „leiten". Weißt du nicht, dass dich Gottes Güte zur Umkehr leitet? Ja, wie ist das eigentlich bei uns: **was leitet uns?** Und in welche Richtung? Wovon und wohin lassen wir uns leiten?

Das ist eine wichtige Frage am Buß- und Bettag. Eine Selbstüberprüfung auch. Das ist nicht so zu verstehen wie die alten Prüffragen in der Liturgie von Beichtgottesdiensten insbesondere in der römisch-katholischen Kirche. Da wurde das Gewissen erforscht und nicht selten gequält mit Fragen, ob man nicht doch unkeusche Gedanken gehabt oder Neidgefühle auf andere gehabt hätte und dergleichen. Nein, worum es eigentlich geht, ist etwas anderes: dass wir die Steuerung überprüfen, also darauf Acht geben ob in unserem Leben der Kurs und die Richtung noch stimmt. Wer oder was leitet unser Leben?

Bei vielen Menschen hat diese Steuerung mit Angst zu tun. Mit Angst in verschiedensten Gestalten. Das kann die Angst vor materiellen Verlusten und Angst vor der Trennung von einem Menschen sein. Es kann auch die Angst vor der eigenen inneren Leere sein, die uns in einen Zwang zur ständigen Ablenkung bringt, oder es kann die Angst vor den eigenen Schwächen sein, die uns zu vermeintlich immer höheren Leistungen treibt und doch unter einen ganz gewaltigen Druck setzt. Es kann auch einfach nur die Angst vor Veränderung sein – Hauptsache, es bleibt nur alles, wie es ist. Aber wir spüren sofort: das ist nicht wirklich gut, wenn die Angst derartig das Ruder in der Hand hat. Ich lade Sie ein, stellen Sie sich einmal ganz persönlich diese Frage: wovon lasse ich mich in meinem Leben eigentlich leiten?

Und damit komme ich zum dritten Stichwort: es ist **Gottes Güte,** die dich leitet. Da steht nicht: es ist Gottes Wille. Nicht: seine Allmacht, nicht: seine Allwissenheit. Da steht noch nicht einmal: es ist das Gewissen, dass dich leitet. Sondern die leitende Kraft in unserem Leben kann und soll Güte sein, Gottes Güte!

Nun mögen manche unter uns sein, die sagen: das geht eigentlich nicht für eine Führungskraft, Güte ist zu wenig. Da muss mehr sein, Autorität, klare Ansagen, Grenzen und Zielvereinbarungen. Aber das alles steht hier nicht. Sondern Güte. Und ich erinnere noch einmal an die beiden Geschichten, die wir gehört haben. Von dem Baum, um den herum gegraben und gedüngt wird; von der Frau, die von Jesus durch das Auflegen der Hände und das heilende Wort aufgerichtet wird.

Und nun muss man aber klar sagen: diese Güte hat ein Ziel, die hat eine Richtung. Der Baum soll nicht so bleiben, wie er ist. Der soll Früchte tragen. Und das wird ihm zugetraut. Und die Frau richtet sich auf, sie geht anders wieder weg - sie wird frei und lobt Gott. Also: die Güte dient nicht dazu, dass alles so bleibt wie es ist. Sondern sie ermöglicht Veränderung, Freiheit und Entfaltung. Wer meint, der Glaube sei ein sanftes Ruhekissen, der irrt gewaltig. Weißt du nicht, dass Gottes Güte dich zur Umkehr treibt und zur Veränderung bei dir selbst und um dich herum? Aber doch niemals mit dem Druckmittel der Angst und niemals mit der Geste der Bedrohung. Drohungen und Angst führen allenfalls zur Erstarrung, zur Verkrümmung, manchmal zum Erfrieren. Güte aber hat eine andere Macht.

Es waren einmal zwei Eisblöcke. Der eine dachte: „Warum kommt der andere nicht näher zu mir?" Und auch der andere dachte: „Man könnte eigentlich mal aufeinander zugehen – aber, wenn der nicht will, pah, dann mache ich auch nichts." Und so geschah es, dass niemand auf sie zukam, und jeder noch mehr in sich selbst erstarrte und vereiste.

Nach Monaten – oder war es nach Jahren ? – entdeckte der eine Eisblock eines Mittags, als die Sonne strahlte, dass er schmelzen konnte. Und er sah, dass er sich zu Wasser verflüssigte und doch noch er selbst war. Und auch der andere machte diese wunderbare Entdeckung. Da flossen sie über die ganz alltäglichen Wassergräben aufeinander zu. Sie veränderten sich. Sie begegneten sich. Sie erfuhren die verwandelnde Macht der Güte.
Und wir? Wovon lassen wir uns leiten? Die verwandelnde Macht der Güte schenke Gott uns allen. Amen

Ein neuer Himmel über unserem Leben
Zu Jesaja 65, 17-19 am 25.11. 2012 (Ewigkeitssonntag)

Liebe Gemeinde,
unsere Vorstellung von Gott kann sich verändern. Vor allem mit dem Älterwerden ändert sie sich oft. Wenn Sie sich erinnern, wie Sie sich als Kind den „lieben Gott" vorgestellt haben, dann später als Jugendlicher und dann noch später als Erwachsener – dann werden Sie merken, es ist etwas anders geworden - und es lohnt sich, sich das klarzumachen.

Unsere Vorstellung von Gott ändert sich aber nicht nur mit dem Älterwerden, sondern auch durch bestimmte Ereignisse und Erfahrungen. Es gibt Phasen in unserem Leben, da fühlen wir uns in guter Harmonie mit allem und wissen uns bei Gott gut aufgehoben. Aber dann gibt es auch Zeiten, in denen Gott weit weg zu sein scheint, als wäre er ein einziges dunkles Fragezeichen oder ganz abhanden gekommen. Bis er – hoffentlich – nach einer Zeit wieder erkennbar wird, anders als vorher vielleicht, aber doch erkennbar – als Licht, das in der Dunkelheit leuchtet, als Freund und Gefährte, der auch im finstern Tal da ist, oder auf andere Weise.

Gerade an einem Tag wie heute merken wir: die Erfahrungen von Tod und Trauer gehören zu den Erfahrungen, die uns am meisten prägen und oft auch nachhaltig verändern. Und oft wandelt sich gerade in solchen Erfahrungen auch unser Glaube und unsere Vorstellung von Gott. Es kann sein, dass Gott uns durch solche Erfahrungen rätselhaft wird. „Warum hat er das zugelassen?" fragen wir dann vielleicht. Und Gott weicht unseren Fragen nicht aus, er stellt sich unseren Gefühlen von Enttäuschung, Bitterkeit und Zorn. Dafür ist Gott da, so lässt er mit sich reden, die Geschichte des von Hiob erzählt davon eindrücklich.

Es kann aber auch umgekehrt sein. Gott kann uns gerade in einer solchen Erfahrung auch viel näher rücken. Vielleicht spüren wir in der Begleitung eines Sterbenden und in der Trauer und Erinnerung an einen lieben Angehörigen: ja, da waren wir ganz nah am Wesentlichen. Da haben wir erfahren, was im Leben und Sterben trägt. Spuren des Segens vielleicht sogar. Der Schmerz ist deshalb nicht weg, aber wir haben gemerkt: im Glauben gibt es etwas, das uns über den Tod hinaus verbindet: das Gebet, das brennende Licht, das auf Gottes Licht hinweist; das Abendmahl, Bild einer Gemeinschaft, die in Ewigkeit bewahrt bleibt. Oft gehen wir aus einer solchen Lebensphase anders heraus, sind daran gewachsen, gewachsen auch im Glauben.

Auch der Glaube des Volkes Israel hat sich im Laufe seiner Geschichte verändert. Insbesondere in den rätselhaften und schweren Erfahrungen ist dieser Glaube gewachsen. Ein Zeugnis für so eine Entwicklung haben wir eben in der Lesung gehört. Es stammt aus der Zeit nach der Rückkehr der Israeliten aus dem babylonischen Exil, aus der Spätzeit des Alten Testaments. Die große Katastrophe lag nun schon einige Zeit hinter ihnen: die Zerstörung Jerusalems, die Deportation und die lange Zeit in der Fremde. Nun waren sie wieder in der Heimat, ja – aber nichts war so wie früher! Wirtschaftlich war das Land verarmt und politisch bedeutungslos unter der fremden Herrschaft. Einzig der Glaube war noch da, und der trug die Menschen. Aber auch der Glaube hatte sich verändert, wie gesagt, hatte sich weiter entwickelt.

„Siehe, ich will einen neuen Himmel und eine neue Erde schaffen", sagt Gott durch den Propheten, „dass man der vorigen nicht mehr gedenken und sie nicht mehr zu Herzen nehmen wird." - Was für eine weite und grenzenlose Vorstellung von Gott! Früher, 700 Jahre zuvor, hatten sie Gott als Gott des Volkes Israel angesehen, und allein das war wichtig. Der hatte sein Volk aus der Sklaverei in Ägypten befreit und in das verheißene Land gebracht. Es war eine gute Zeit, eine Zeit der Blüte und der Dankbarkeit bis hin zu den wunderbaren Jahren unter David und Salomo. Aber dann zerbrach das alles. Durch politische Konflikte teilte sich das Land in Nord- und Südreich. Dann ging das Nordreich unter, und schließlich auch das Südreich mit

Jerusalem. Mit dem wunderbaren Tempel, der Wohnung Gottes inmitten seines Volkes. Mit dem Verlust des verheißenen Landes und dem Verlust des Tempels stand der Glaube auf der Kippe. Gott selber war fraglich geworden.

Es war in der Gefangenschaft in Babylon, als sie entdeckten: Gott ist viel größer, als wir bisher dachten. Viel größer als unser Land, und viel größer als unser Leid und viel größer als die Geschichte unseres Volkes. Es war in der schlimmsten Krise, als sie verstanden: er ist nicht nur der Gott Israels, nein, dieser Gott ist der Schöpfer der Welt. In dieser Zeit schrieben sie die Schöpfungsgeschichte. Das Bild von Gott ging über ihre bisherigen Vorstellungen weit hinaus. Und das, liebe Gemeinde, gab ihnen bei allem Schmerz wieder Hoffnung. Einer der Propheten sagte es so: schaut in den Sternenhimmel! Und vertraut auf den, der das alles gemacht hat. Die auf diesen Gott hoffen, kriegen neue Kraft. Und so bekamen sie die Kraft, durchzuhalten.

Als sie dann endlich wieder in ihrer Heimat waren, zurück in ihrem Land, da entwickelte sich dieser Glaube noch eine Stufe weiter. Erst einmal waren sie ernüchtert. Denn alles war nun so armselig und so schwierig. Aber in ihrem Glauben entdeckten sie eine Perspektive in die Zukunft. Sie begriffen: der Schöpfergott war Schöpfer nicht nur am Anfang der Welt. Sondern er war es immer noch, war immer noch mit schöpferischer Kraft und Macht am Werk. „Siehe, ich will einen neuen Himmel und eine neue Erde schaffen…. Freut euch immerdar – also auch in Zukunft ! – über das, was ich schaffe, auch jetzt, und was ich auch in Zukunft schaffen werde." Gottes schöpferische Macht ist noch nicht am Ende, hieß das. Und dann wird diese neue Schöpfung ausgemalt: Frieden, gute Ernte, erfülltes Leben für alle. Und Jerusalem, dieses Symbol der größten Hoffnungen und auch des größten Leids von Urzeiten bis in unsere Tage, Jerusalem wird eine Stadt voller Freude sein! „Man soll in Jerusalem nicht mehr hören die Stimme des Weinens und die Stimme des Klagens." Was für eine Botschaft, die da über die Jahrtausende zu uns herüber klingt! Kein Leid mehr in Jerusalem! Gott ist nicht nur der Schöpfer des Anfangs, ist nicht nur der Gott von früher – er ist auch der Gott von morgen und übermorgen. Denn er hat die Macht und die schöpferische Kraft, diese Welt mit ihren Krisen und Katastrophe, zu überwinden durch etwas ganz Neues.

Der christliche Glaube sieht den Anbruch dieser neuen Schöpfung in der Person Jesu Christi. In seiner Menschwerdung, in seinem Leben voller Liebe, in seinem Sterben für uns Menschen und in der schöpferischen Kraft seiner Auferstehung. Ein weiter Bogen spannt sich vom Totensonntag zum Ostermorgen und zeigt den Weg zur Hoffnung. Und so lernen auch wir aus der Geschichte des Volkes Israel für unser Leben und Glauben und für unsere heutige Weltdeutung.

Krisen und Katastrophen, wenn wir sie erleben, lasten schwer auf uns. Sie fordern unsere innersten Kräfte und damit unseren Glauben heraus. In solchen Zeiten aber kann etwas in uns wachsen und sich entwickeln. Der Schmerz ist deshalb nicht weg. Aber die Aussicht auf einen neuen Himmel und eine neue Erde bringt eine neue Perspektive in unser Leben. Sind Sie mal am Nordseestrand spazieren gegangen, wenn die dunklen Wolken eines Unwetters abziehen und dann der Himmel aufreißt? Ich musste daran denken, als ich die Worte Jesajas las. Wenn über unserem Leben durch Gottes schöpferische Macht der Himmel aufreißt, dann müssen uns die Krisen und Stürme, die wir hinter uns haben, nicht mehr auf immer bestimmen. Die Erinnerungen sind da und vielleicht auch die Tränen. Sie gehören zu unserem Leben. Aber der Blick kann sich auch auf die Zukunft richten. Auf den neuen Himmel, auf das neue Jerusalem. Es sind nur zwei verschiedene Bilder für dieselbe große Hoffnung: dass es einmal einen Ort des Friedens geben wird für uns und alle Menschen. Einen Ort des Friedens äußerlich und auch im Innern. Wo man die Stimme des Weinens und des Klagens nicht mehr hören wird. Wo alle Tränen abgewischt werden, wo einfach Freude sein wird. Nehmen wir diese Verheißung an diesem Totensonntag mit von Israel und seiner Geschichte mit. Ein neuer Himmel reißt auf - auch über unserem Leben. Lassen wir uns davon mit Kraft beschenken und mit Hoffnung - für die, an die wir heute denken, und auch für uns selber. Amen

Printed by Books on Demand GmbH, Norderstedt / Germany